patios y jardines
patios & gardens

autores / *authors*
Fernando de Haro & Omar Fuentes

diseño y producción editorial / *editorial design & production*
AM Editores S.A. de C.V.

dirección del proyecto / *project managers*
Valeria Degregorio Vega y Tzacil Cervantes Ortega

coordinación / *coordination*
Edali Nuñez Daniel

texto original / *original text*
Abraham Orozco

traductor / *translator*
Mexidiom Traducciones

NUMEN   AM EDITORES

PATIOS Y JARDINES / *PATIOS & GARDENS*
© 2006
Fernando de Haro & Omar Fuentes

ISBN: 970-9726-53-6
ISBN 13: 978-970-9726-53-4
ISBN España: 84-96592-26-X
EAN España: 9788496592261

Ninguna parte de este libro puede ser reproducida, archivada o transmitida en forma alguna o mediante algún sistema, ya sea electrónico, mecánico o de fotorreproducción sin previa autorización de los editores.

No fragment of this book may be reproduced, stored or transmitted by any way or by any means or system, either electronic, mechanical or photographic without prior authorization from the publishers.

Publicado en 2006 por **AM Editores S.A. de C.V.** Paseo de Tamarindos No.400 B suite 102, Col. Bosques de las Lomas C.P. 05120, México D.F.
Tel. 52(55) 5258-0279
Fax. 52(55) 5258-0556
E-mail: ame@ameditores.com
www.ameditores.com

Publicado en 2006 por **Númen**, un sello editorial de Advanced Marketing S. de R.L. de C.V. Calzada San Francisco Cuautlalpan No.102 Bodega "D", Col. San Francisco Cuautlalpan, C.P. 53569, Naucalpan de Juárez, Estado de México.

Impreso en Japón. *Printed in Japan.*

PREPRENSA / *PREPRESS*:
Gibus S. de R.L. de C.V.
www.gibus.com.mx

Contenido • Contents

Jardines y Terrazas
Gardens and Terraces

Patios
Patios

6

38

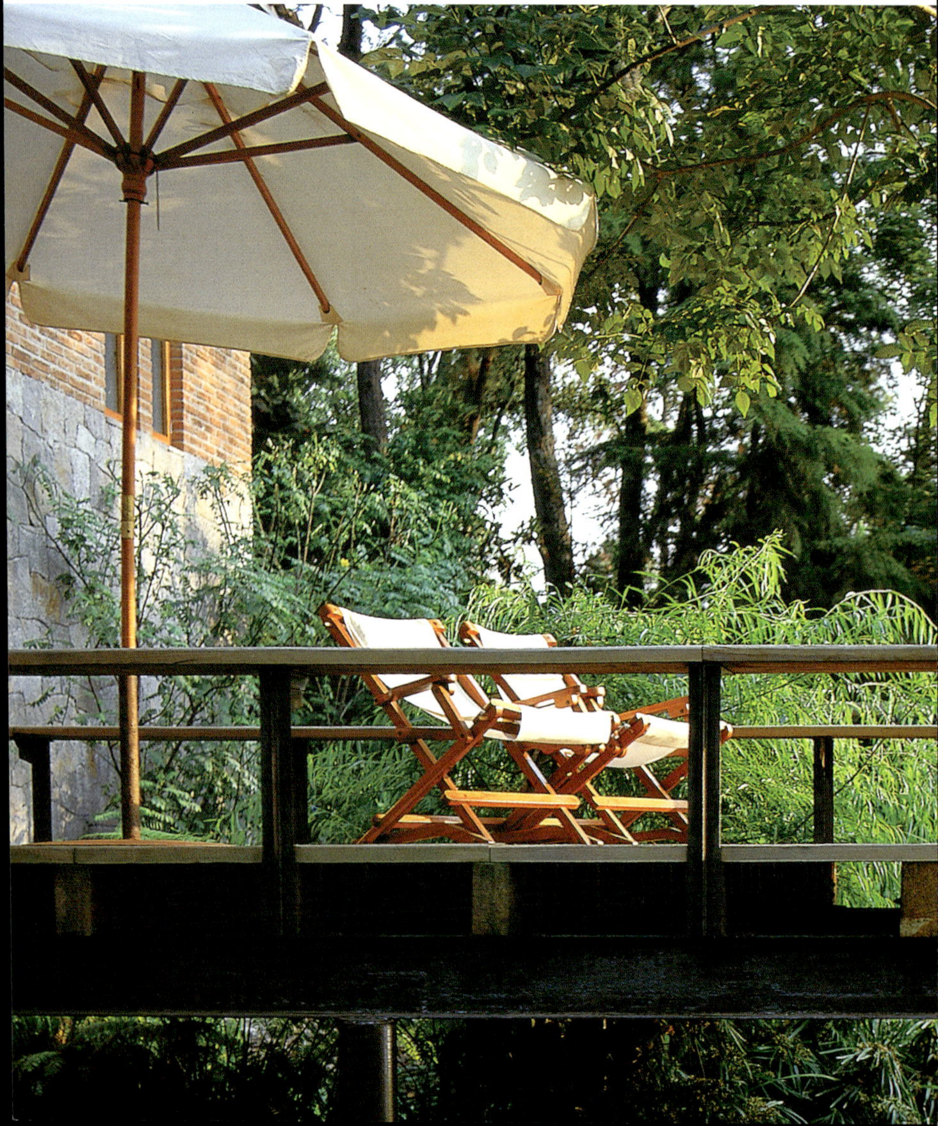

Jardines y Terrazas
Gardens & Terraces

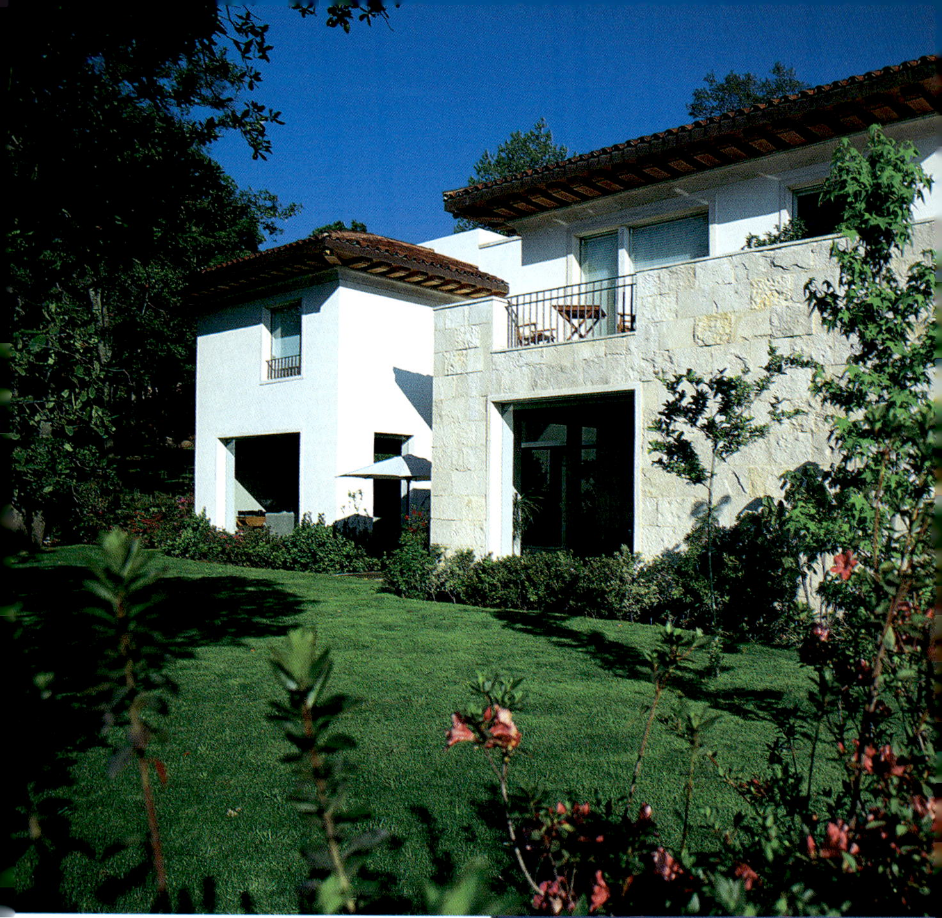

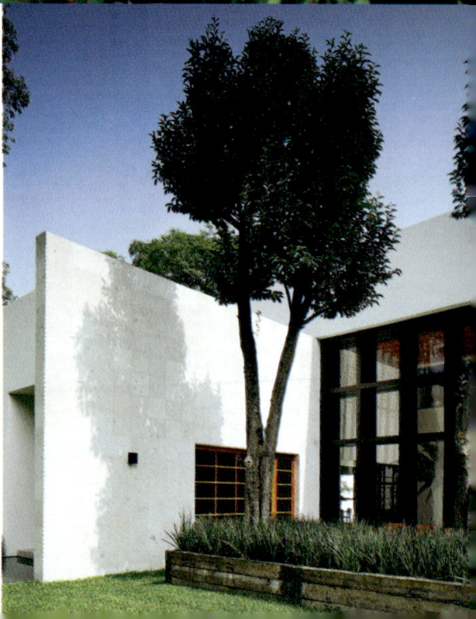

Jardines
Gardens

El diseño del jardín se adapta a las condiciones del espacio, pero idealmente debe armonizar con la volumetría, el estilo y las texturas de la construcción. Un césped bien cuidado que sigue las líneas ondulantes del suelo, árboles, plantas, arbustos y flores originales del terreno o sembrados especialmente, colores, aromas, andadores de piedra, espejos de agua, fuentes, pérgolas, esculturas, objetos decorativos e iluminación nocturna, crean un ambiente reconfortante con un cálido mensaje visual.

The design of the garden is adapted to the conditions of the space, but ideally should harmonize with the volume, style and textures of the building. A well-kept lawn that follows the undulating lines of the land, trees, plants, bushes and flowers that are native to the property or specially planted, as well as colors, smells, stone walkways, reflecting pools, fountains, pergolas, sculptures, decorative objects and night lighting, create a comforting atmosphere with a warm visual message.

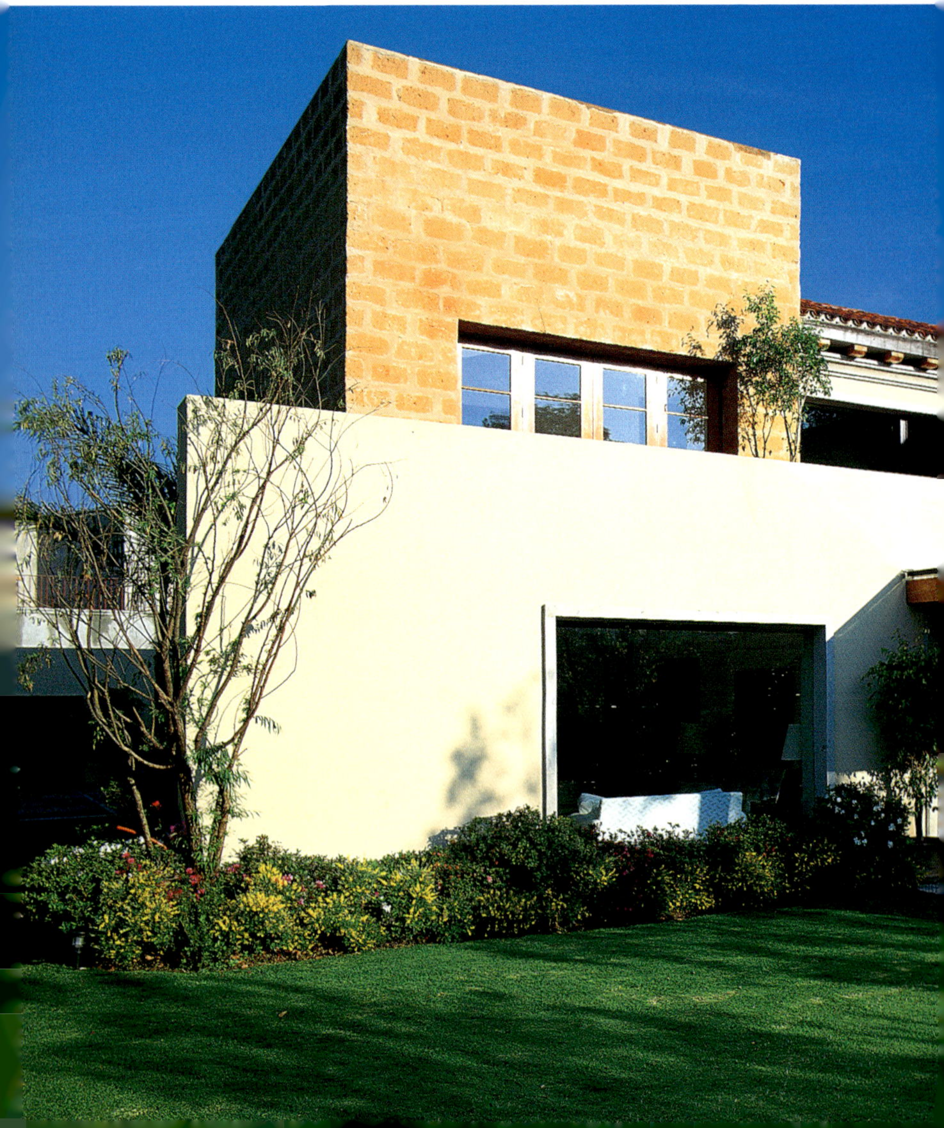

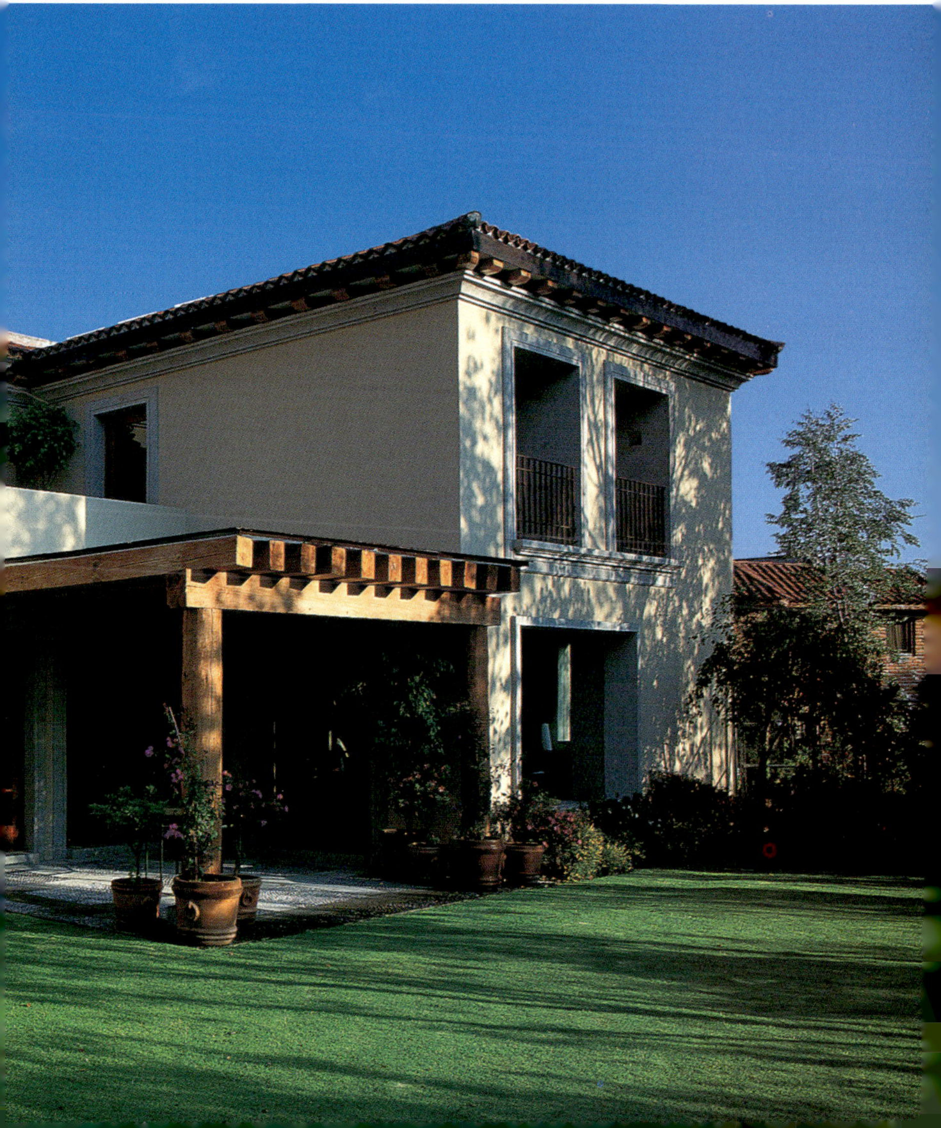

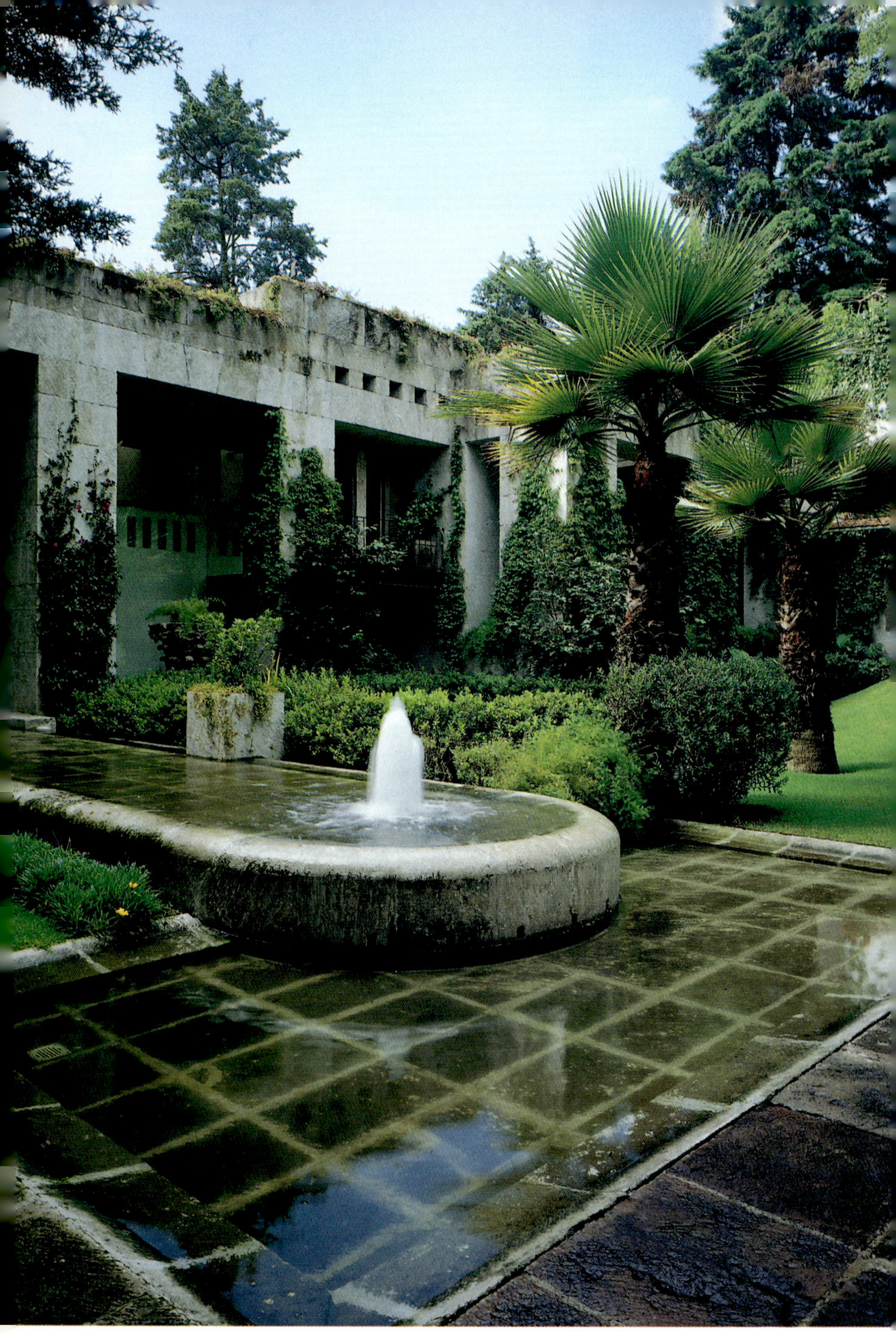

13

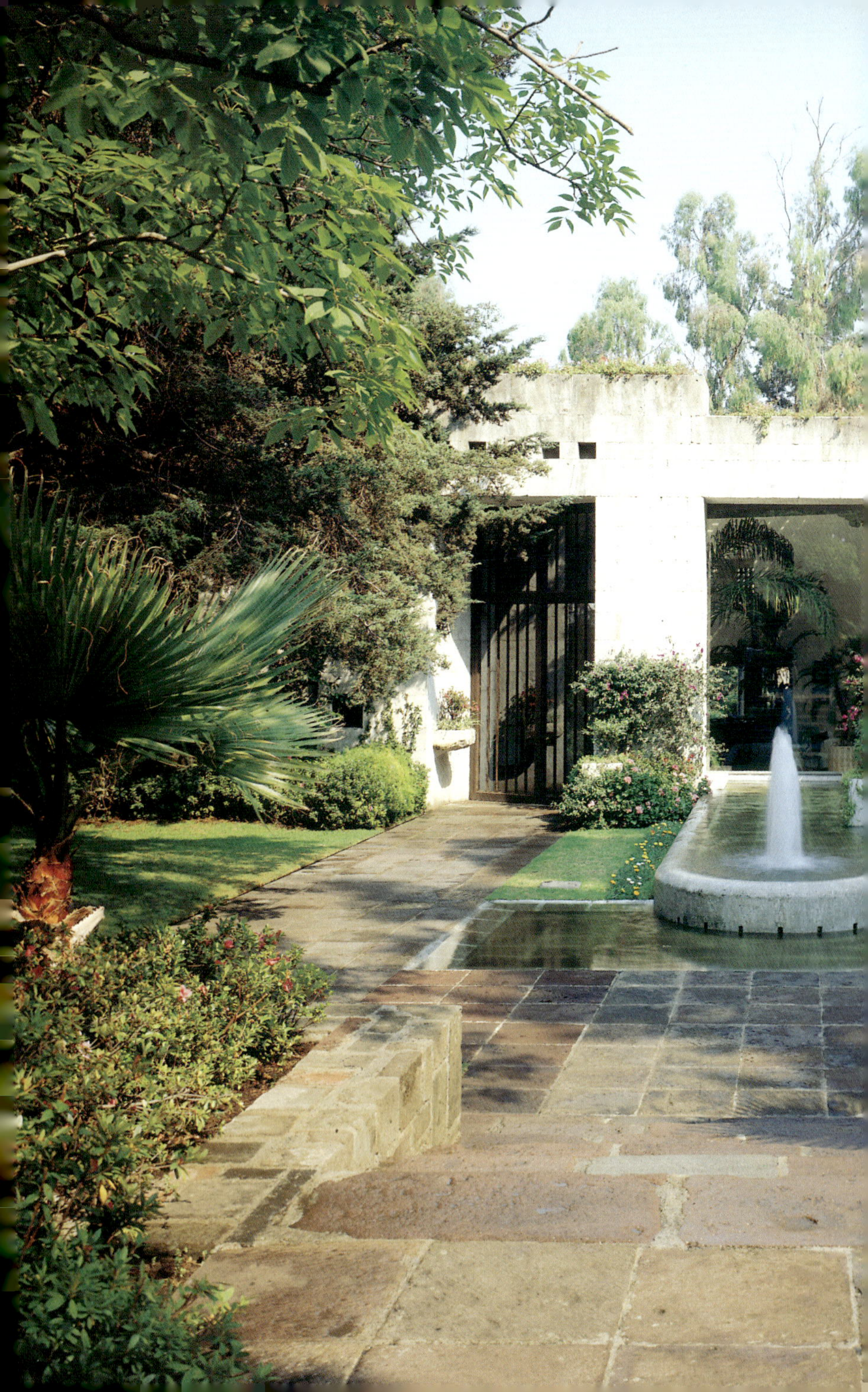

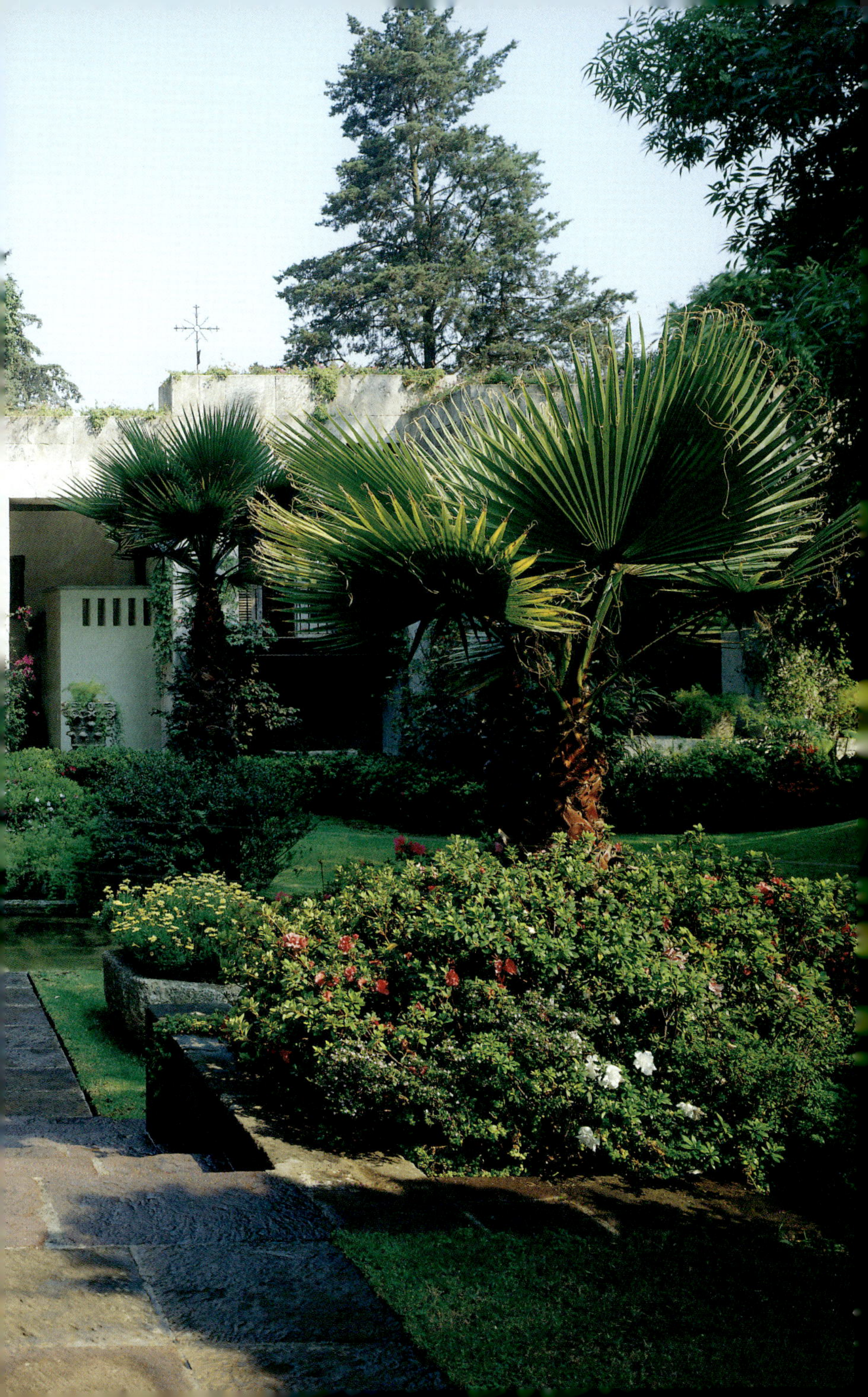

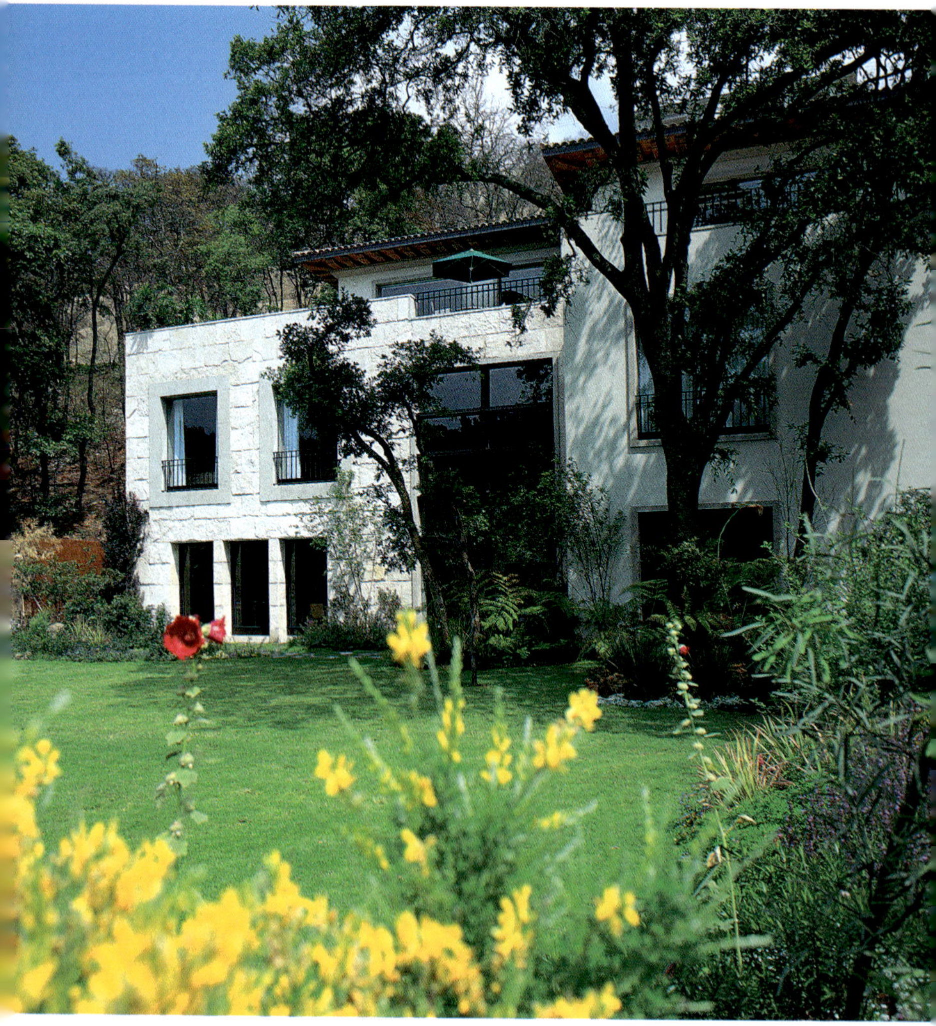

17

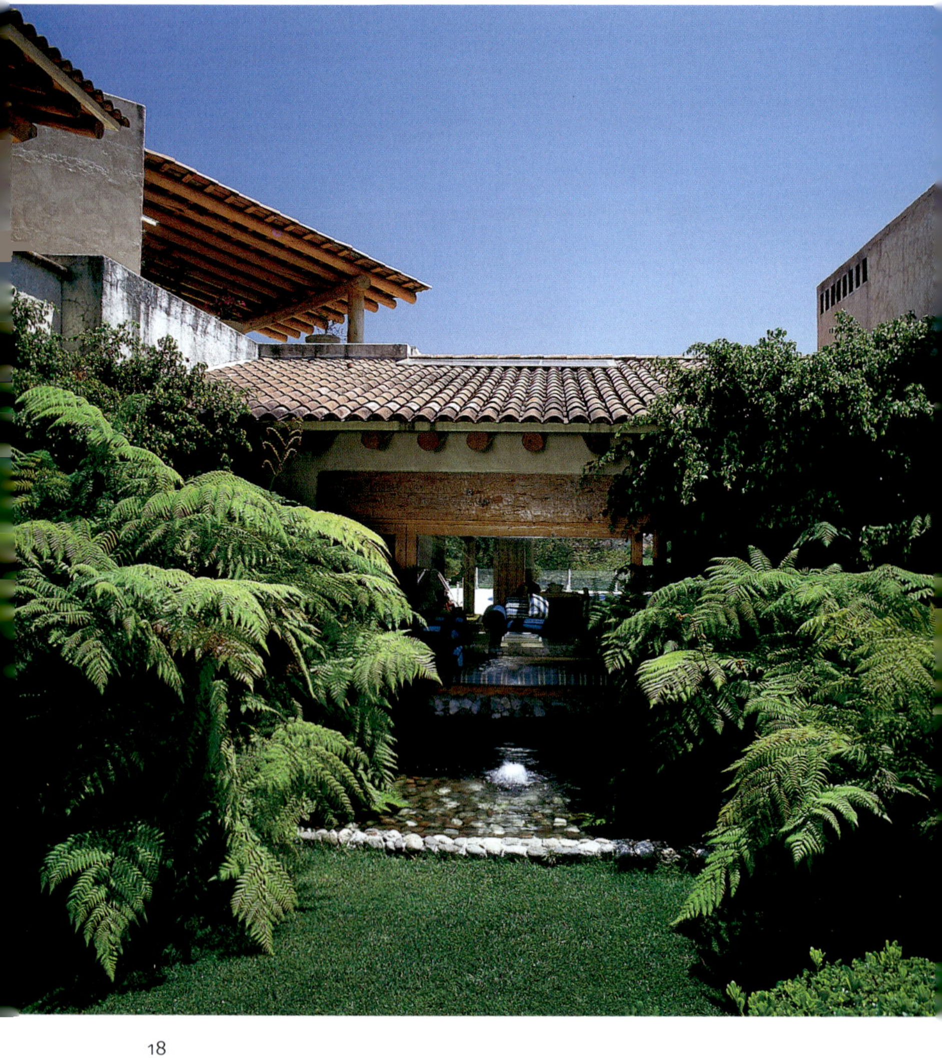

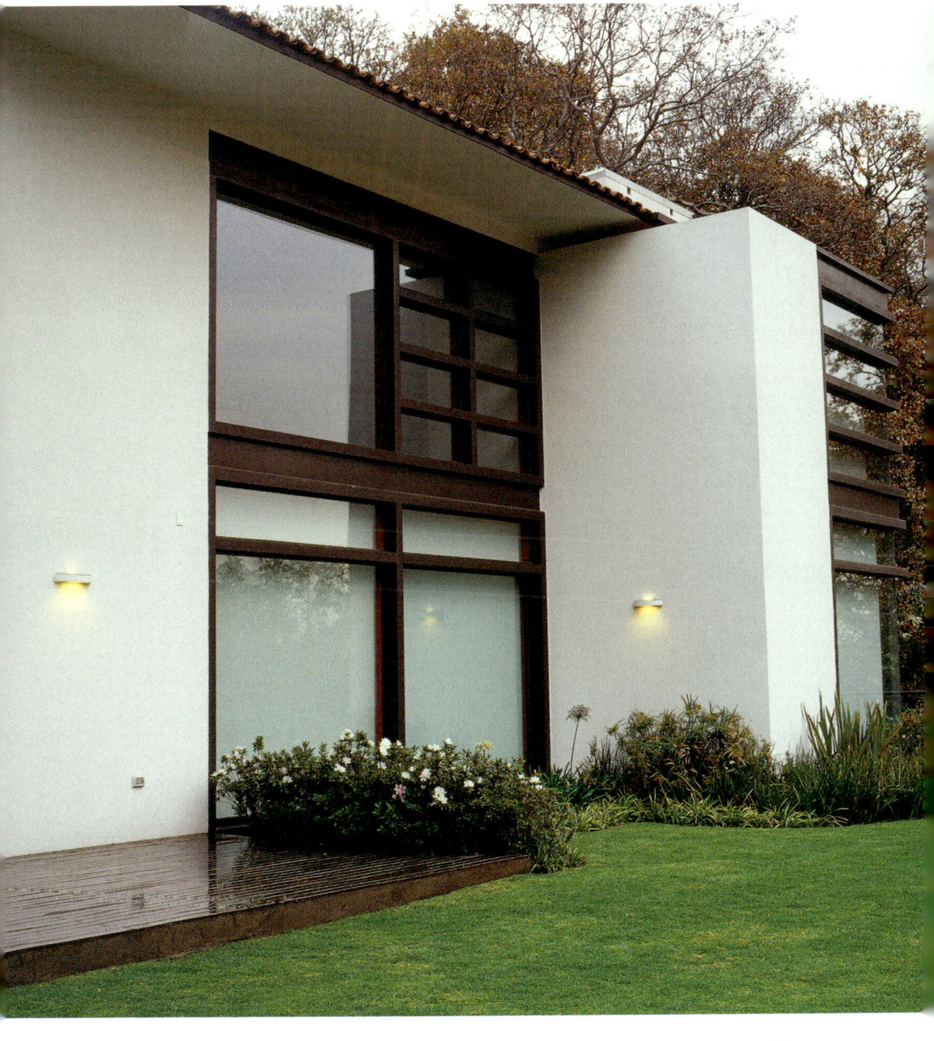

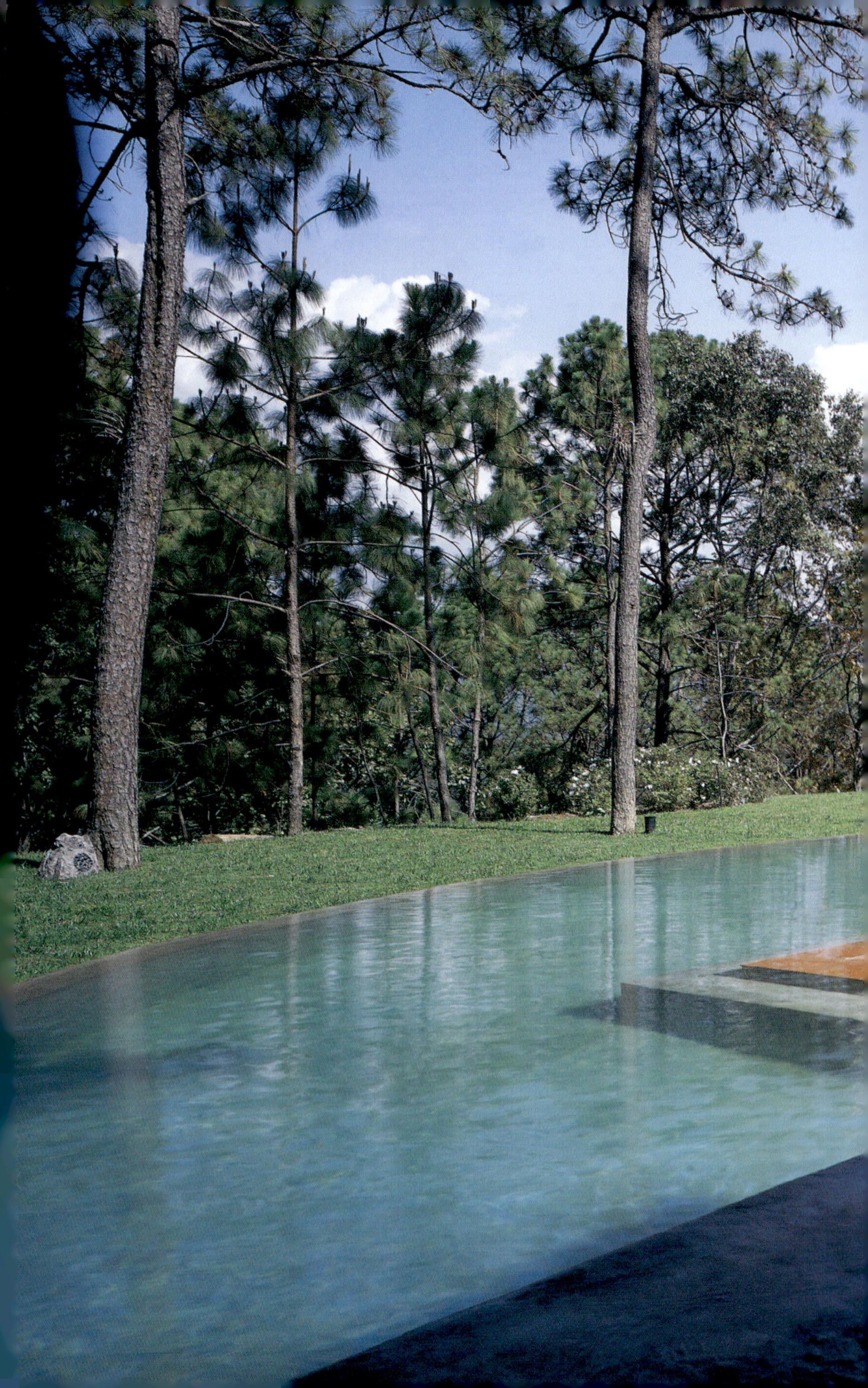

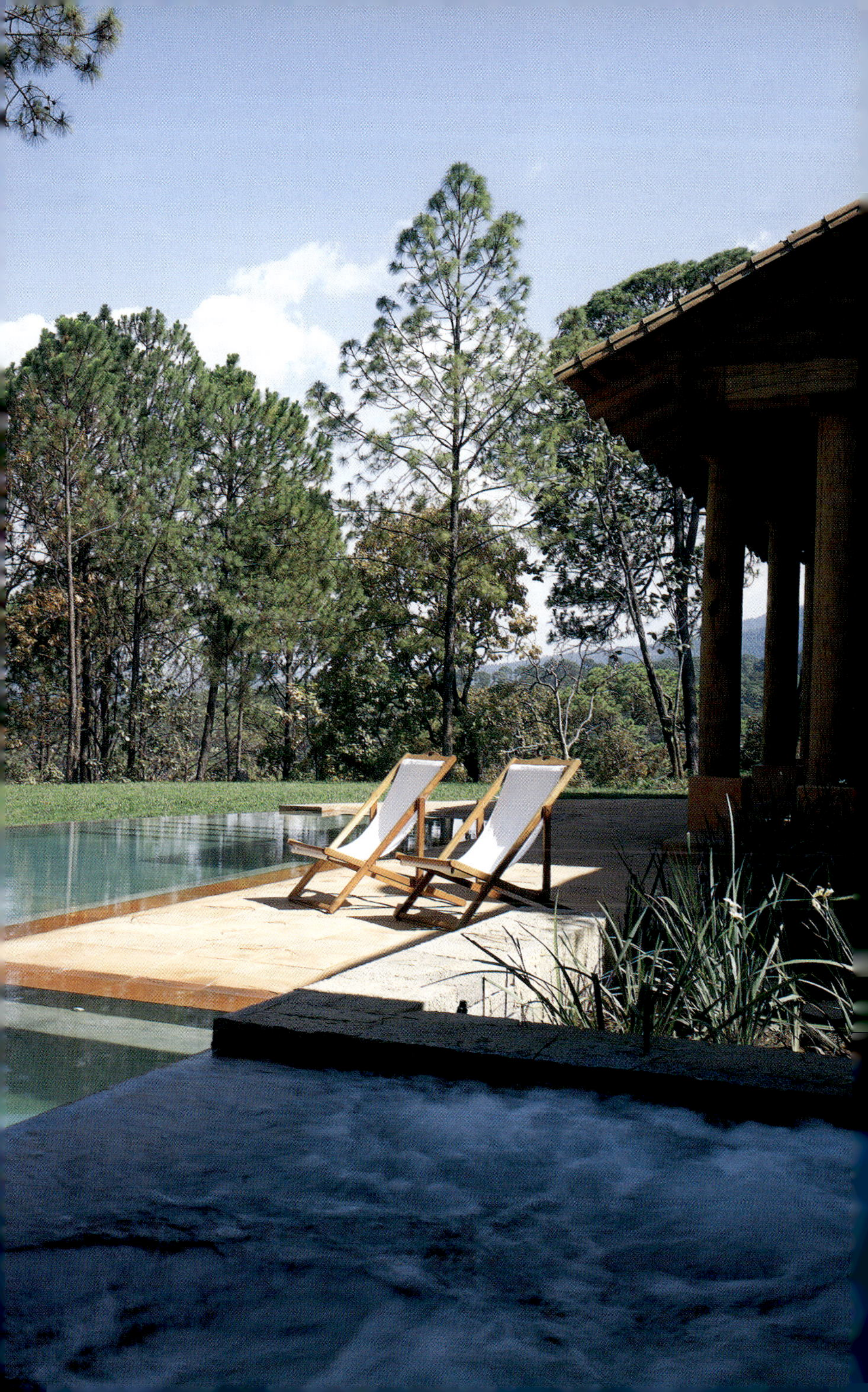

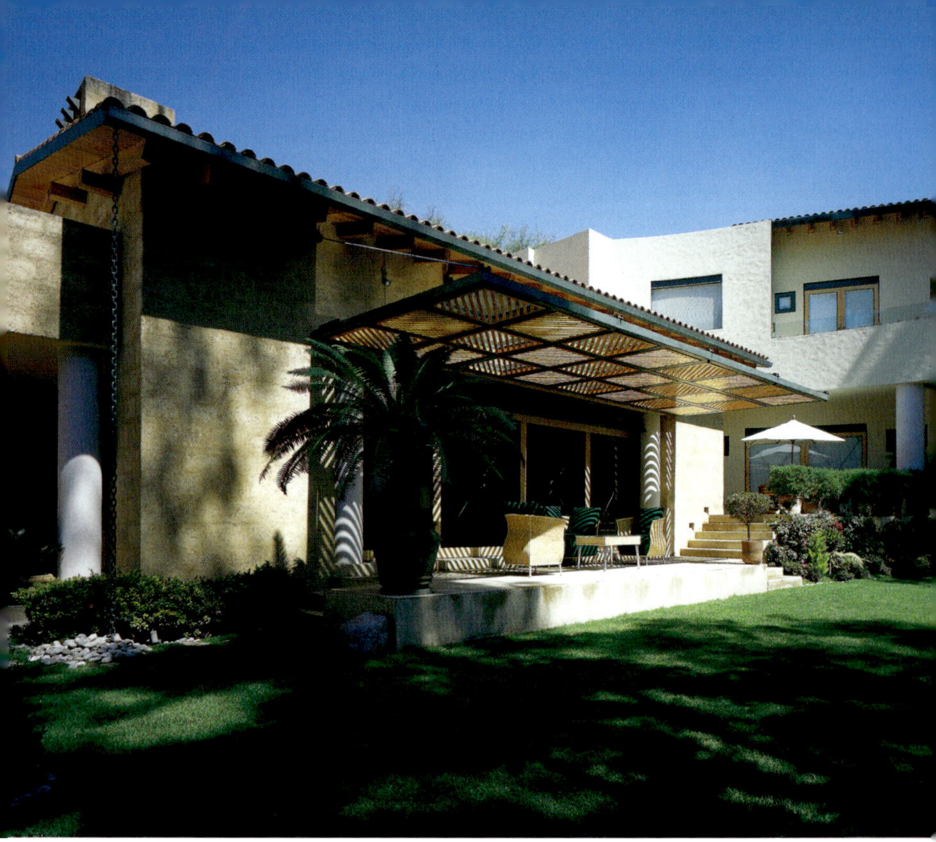

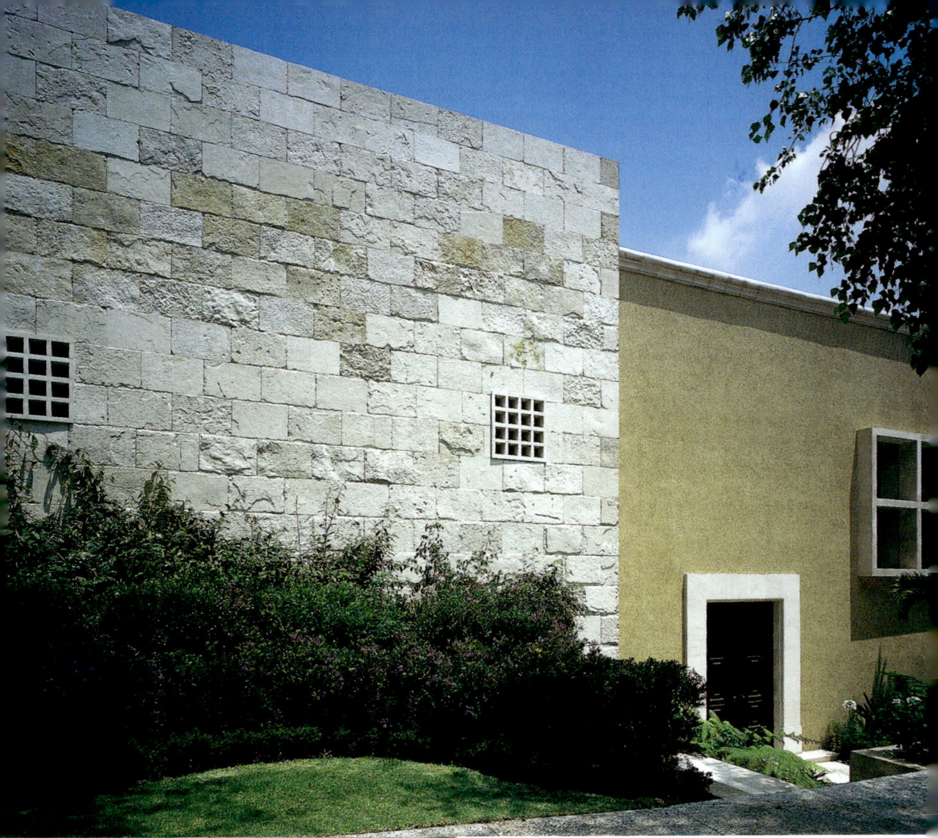

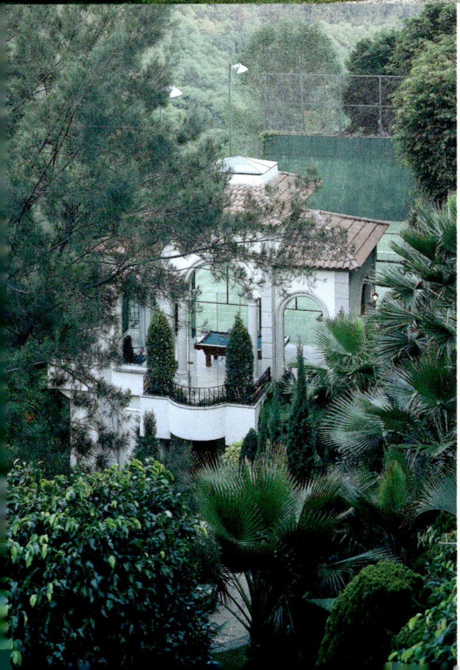

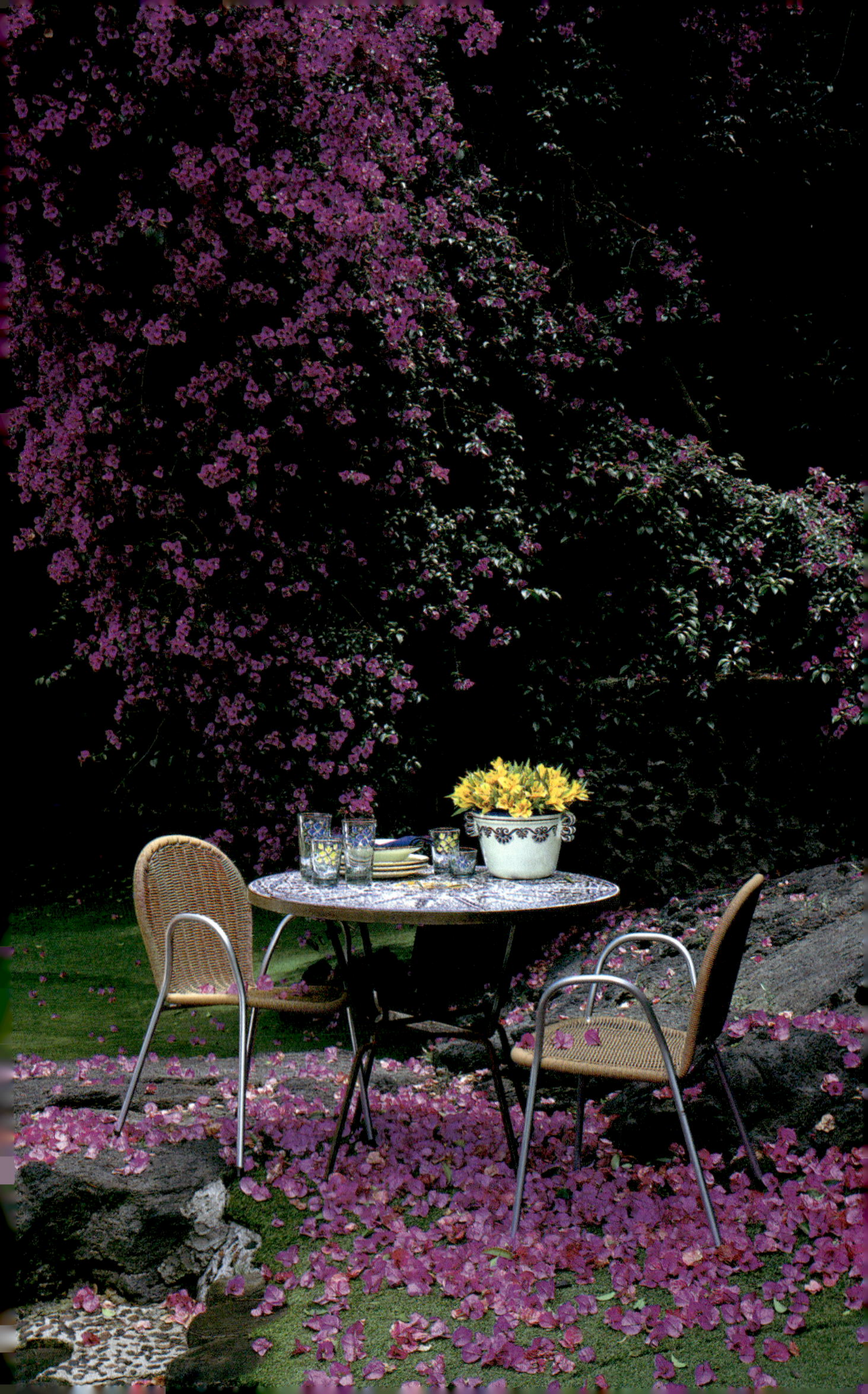

Terrazas con jardín
Terraces with gardens

Existen diversas formas de crear una terraza con jardín. A veces puede responder a un concepto arquitectónico claramente definido, que requiere de un trabajo de construcción de distintos grados, desde un piso rústico, simplemente aplanado, hasta superficies finamente terminadas con madera o con conjuntos de piedra de diferentes texturas artísticamente alineadas. Pueden improvisarse a cielo abierto, aprovechando espacios disponibles en cualquier sitio de la casa, a la sombra de los árboles o protegidas con parasoles, o pueden resolverse como un anexo de la construcción principal y ubicarse en sitios privilegiados con vista al paisaje. Su diseño siempre debe armonizar con el estilo arquitectónico de la residencia.

There are different ways to create a terrace with a garden. Sometimes, it can respond to a clearly defined architectural concept that requires construction work on different levels, ranging from a simple flat, rustic floor, to finishes in fine wood or arrays of stone with different textures laid in an artistic manner. Under the open sky, one can improvise, taking advantage of spaces available in any location of the house, of the shade from trees or from parasols, or it can be designed as an annex to the main building and located in a privileged site with a view of the landscape. Its design should always be harmonized with the architectural style of the home.

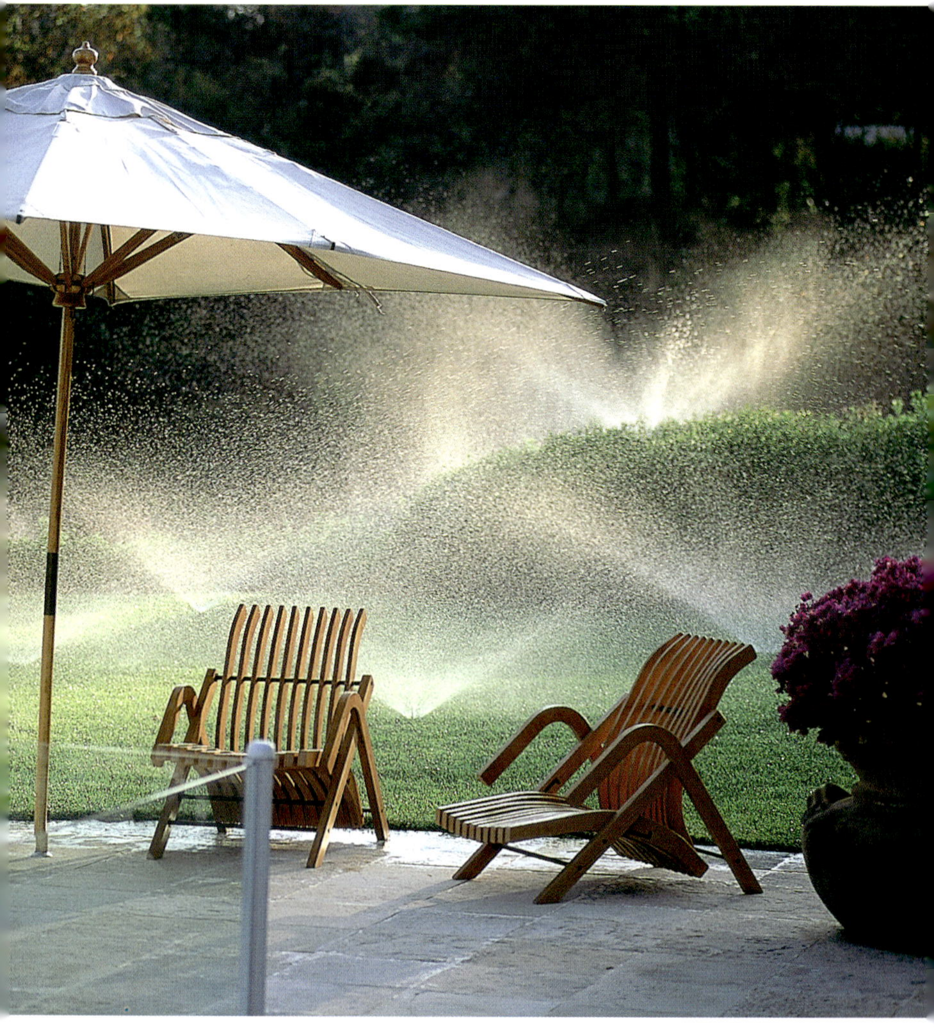

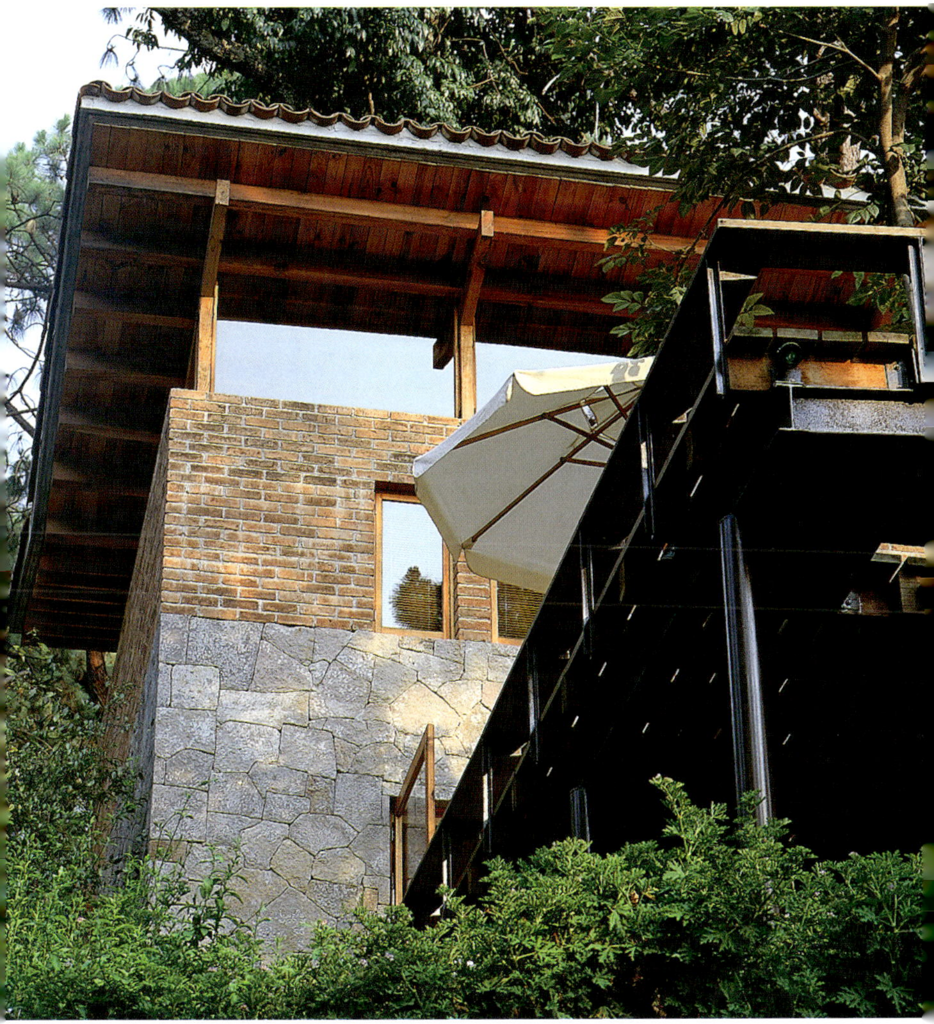

28

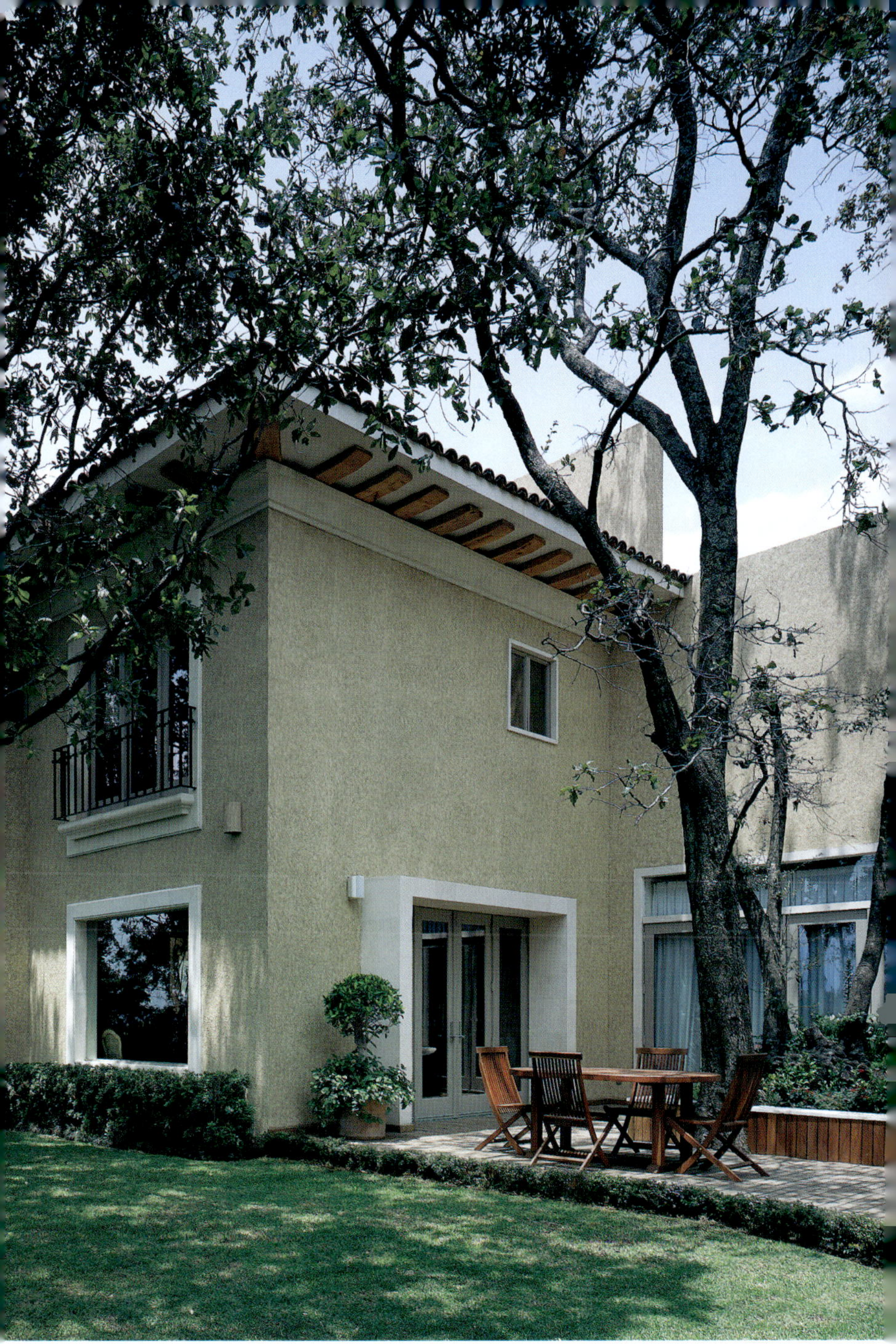

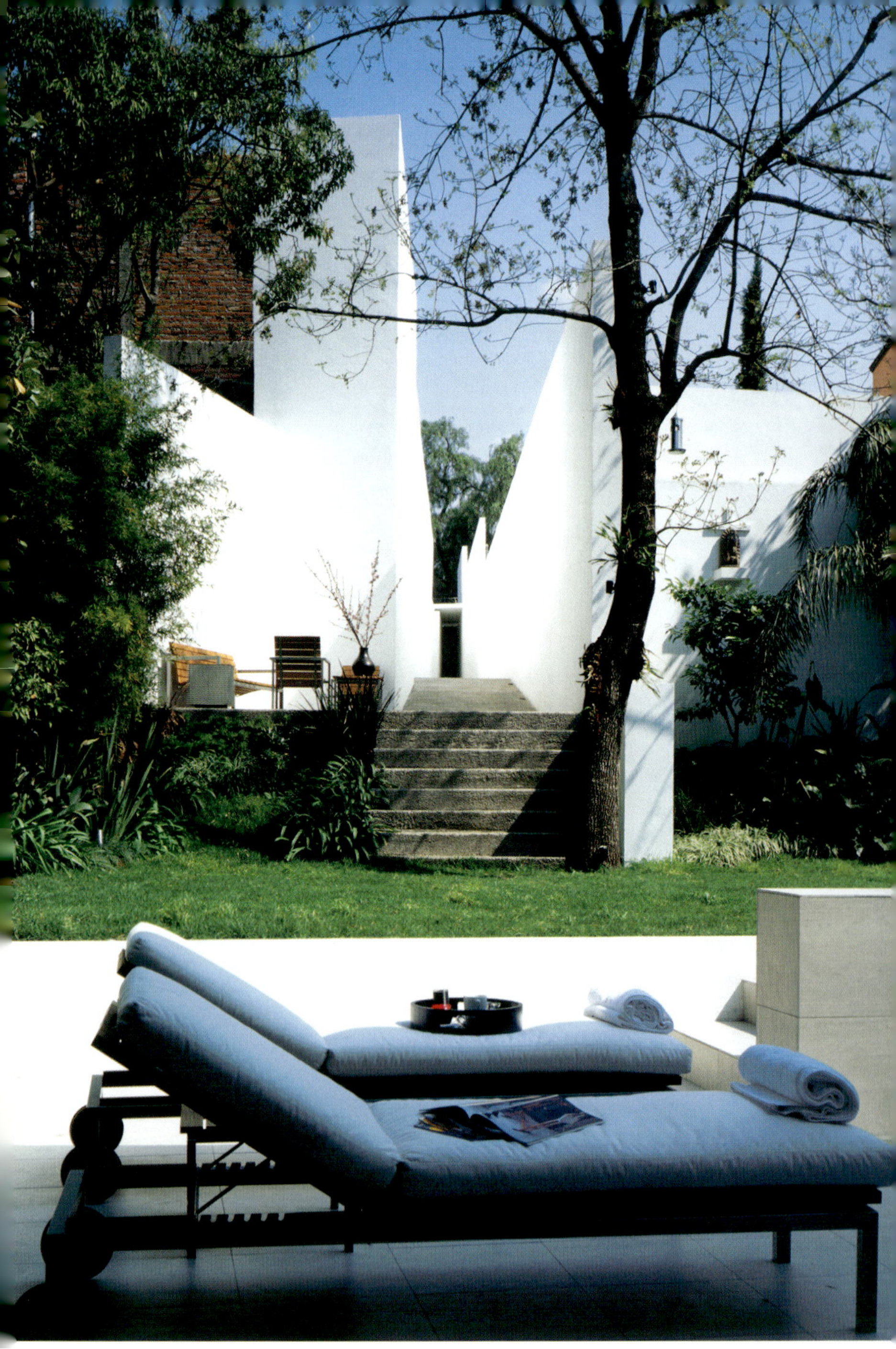

31

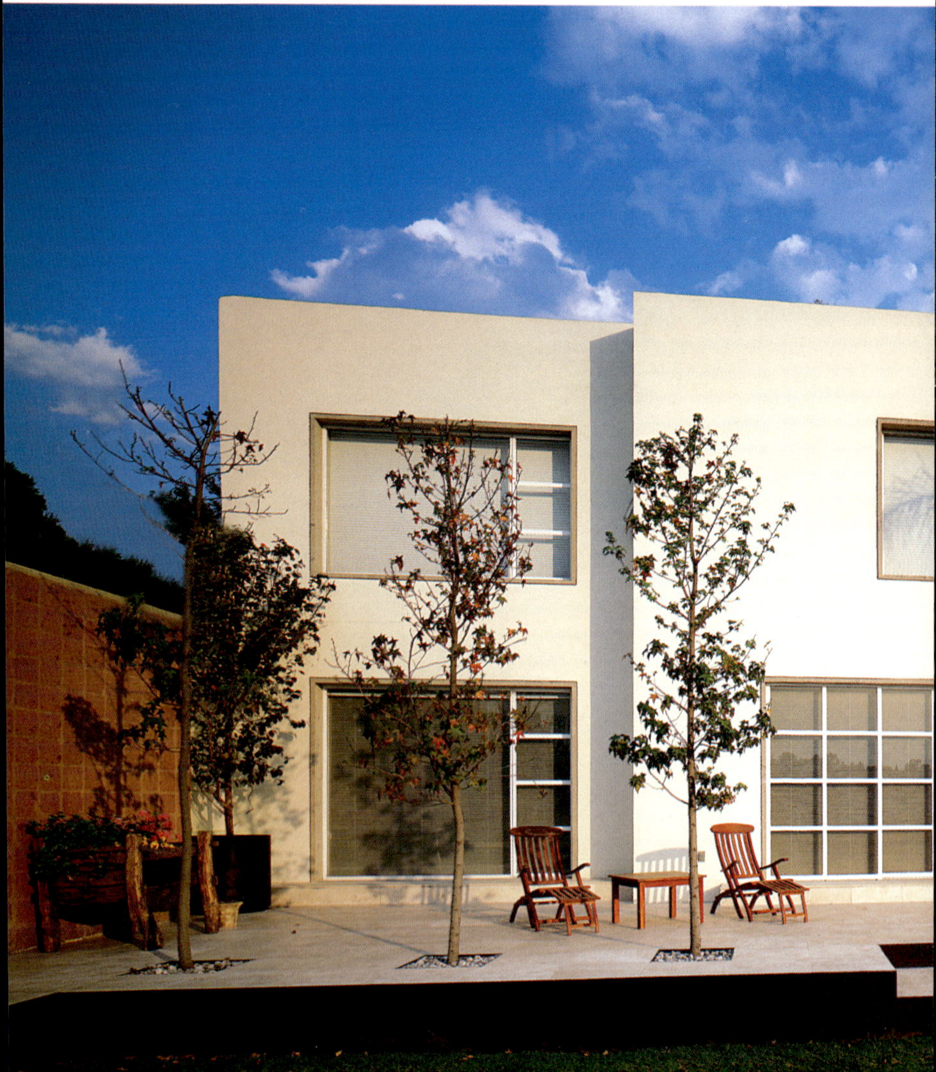

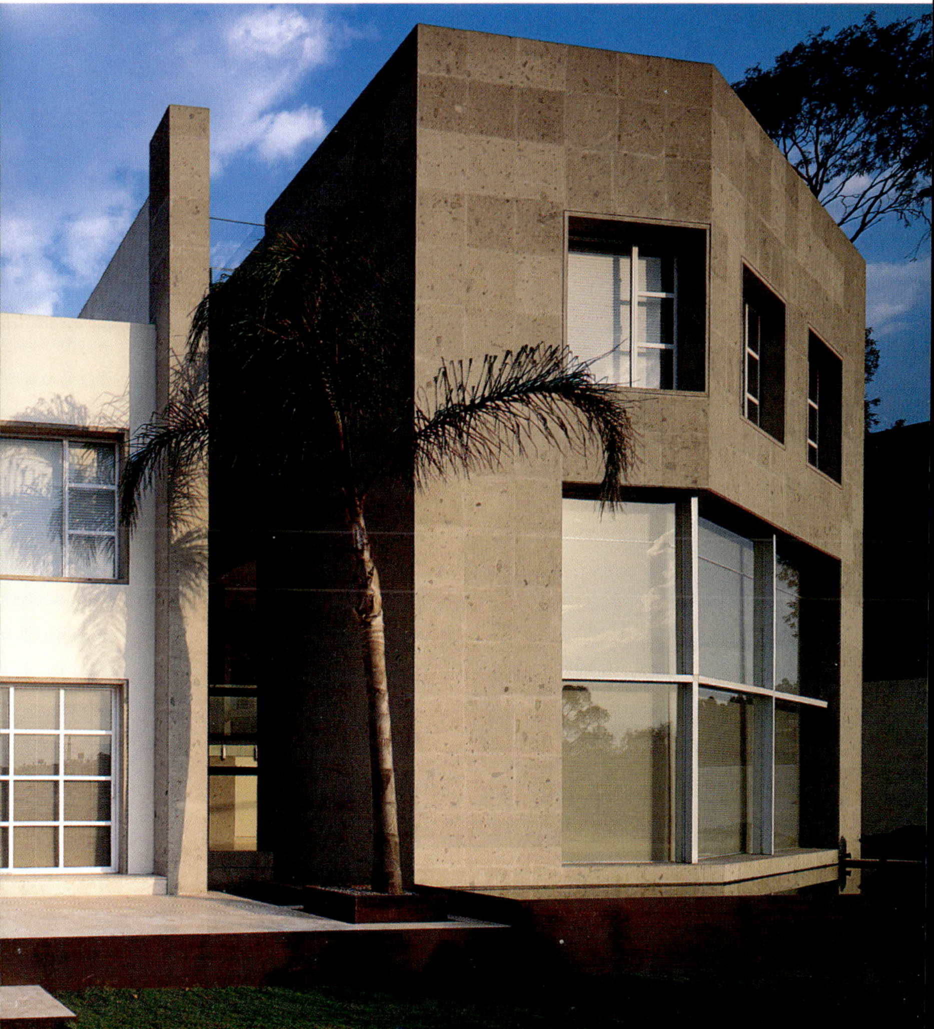

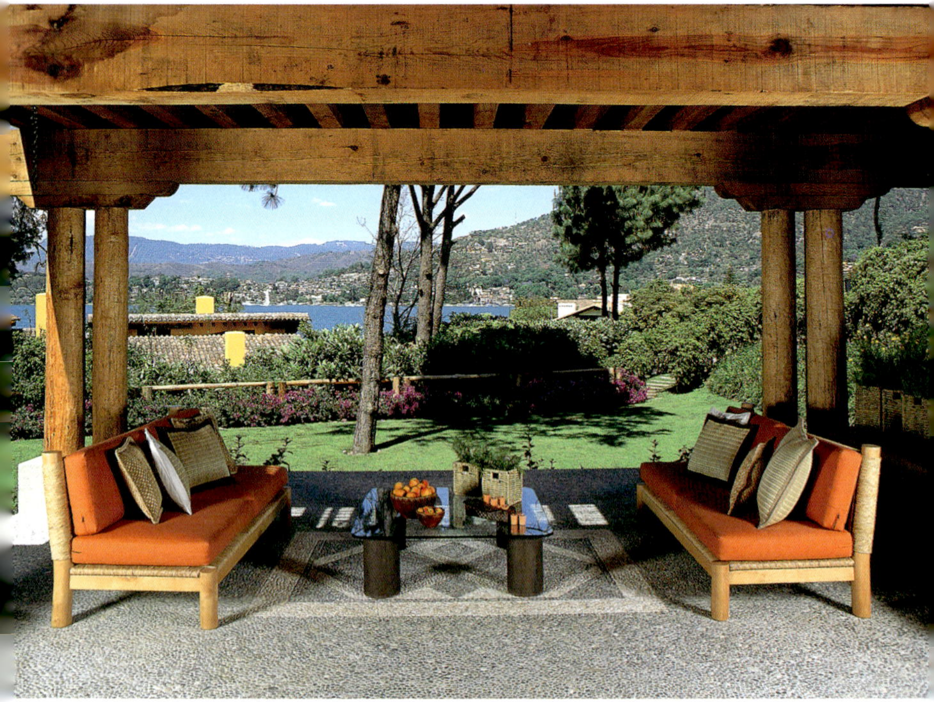

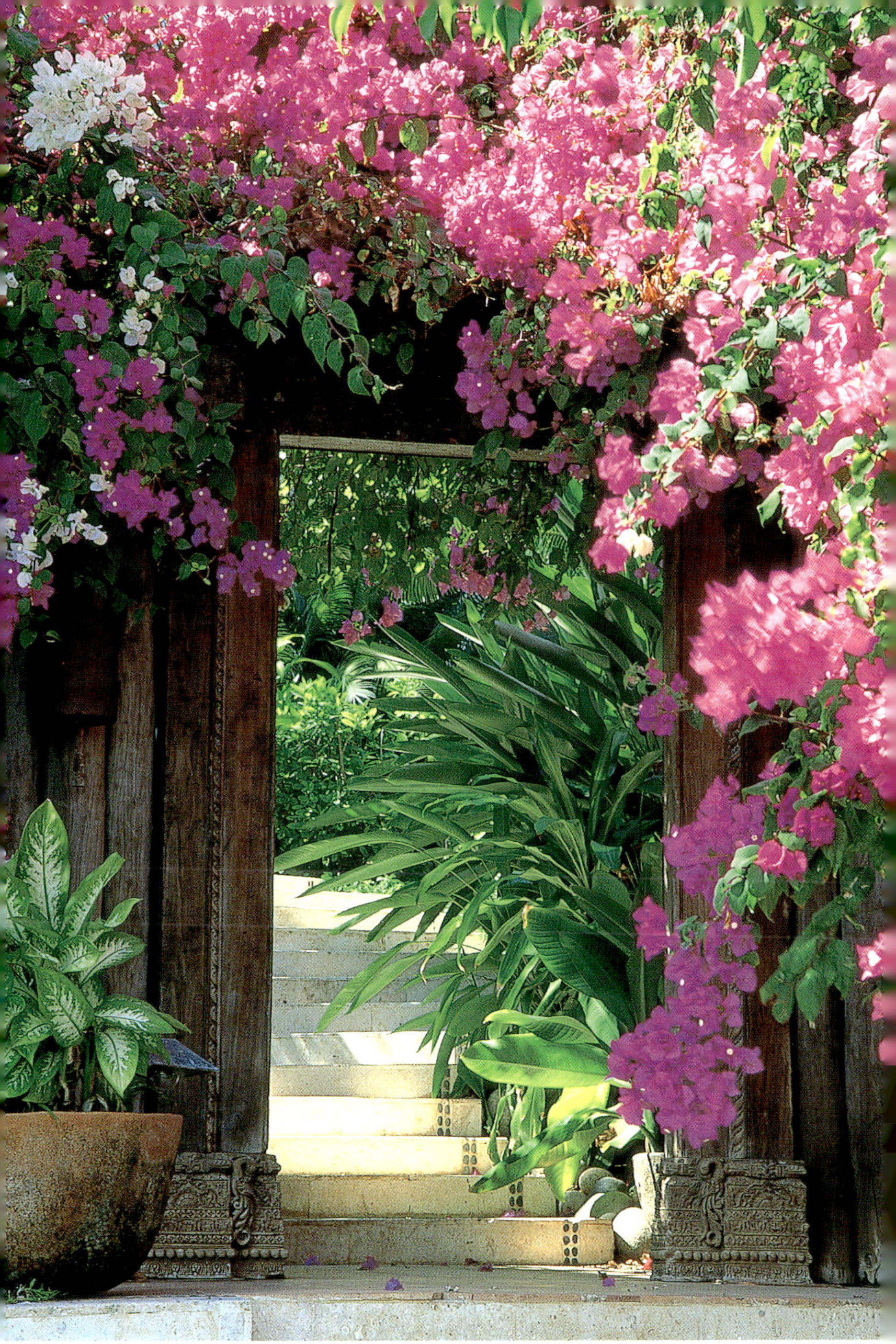

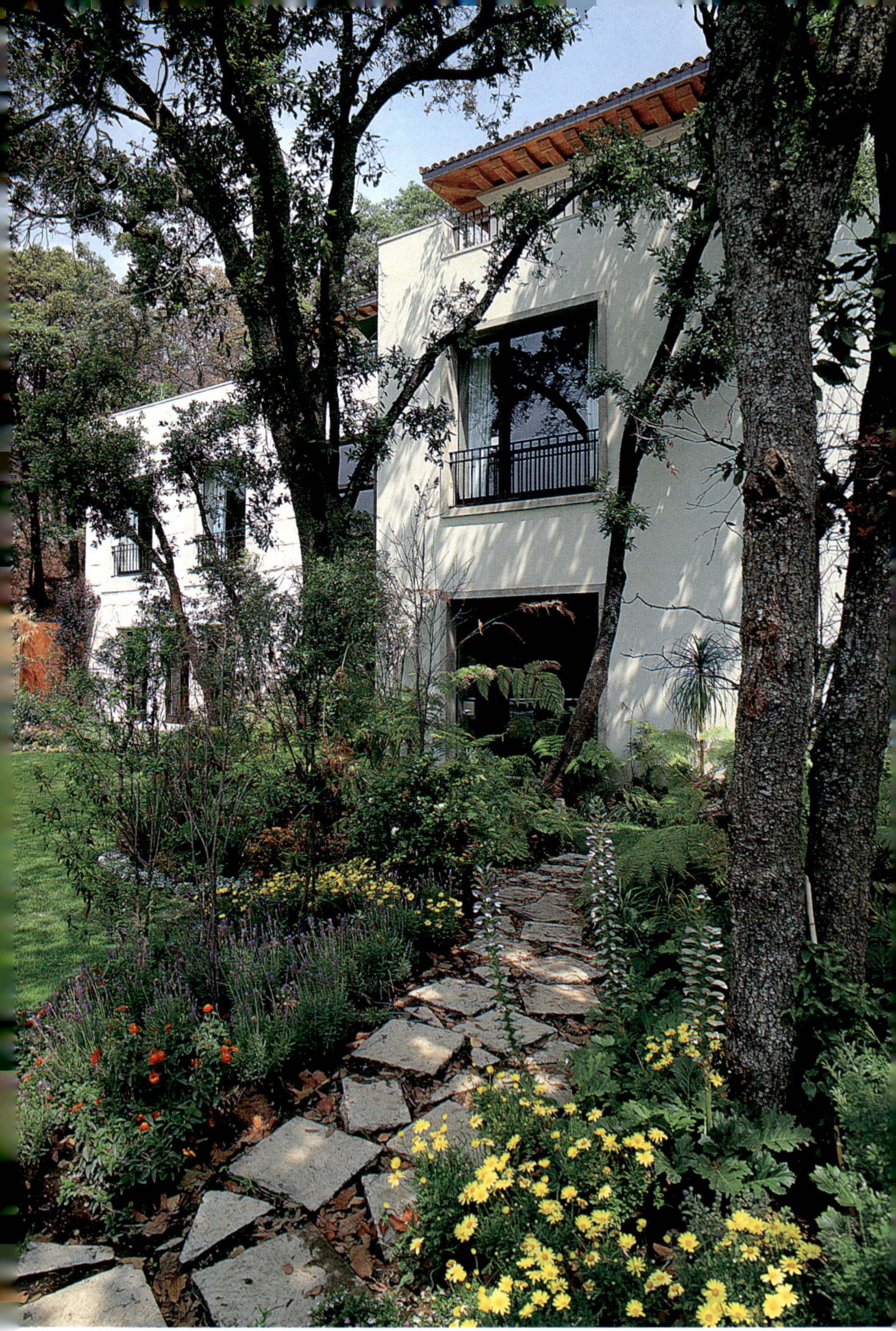

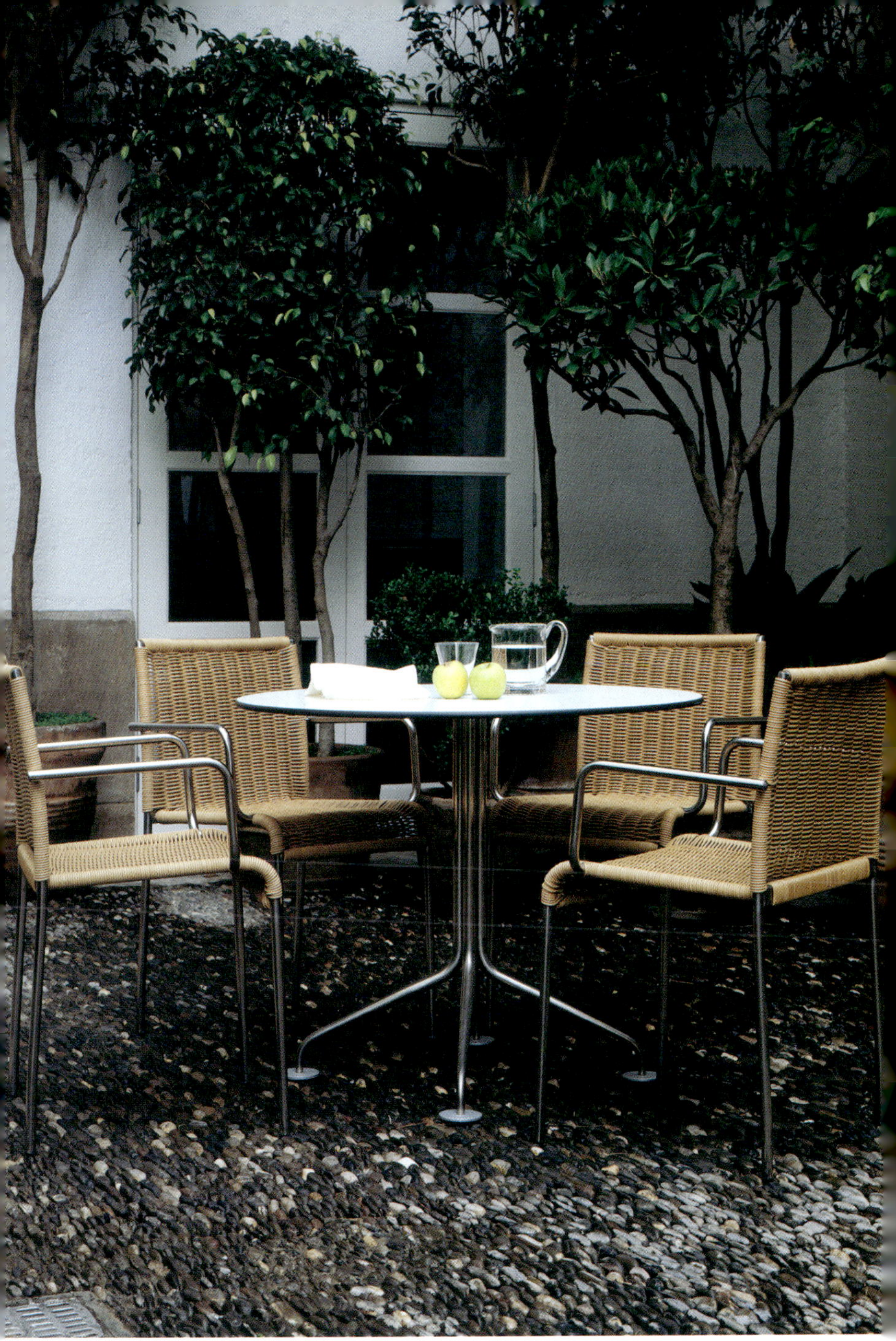

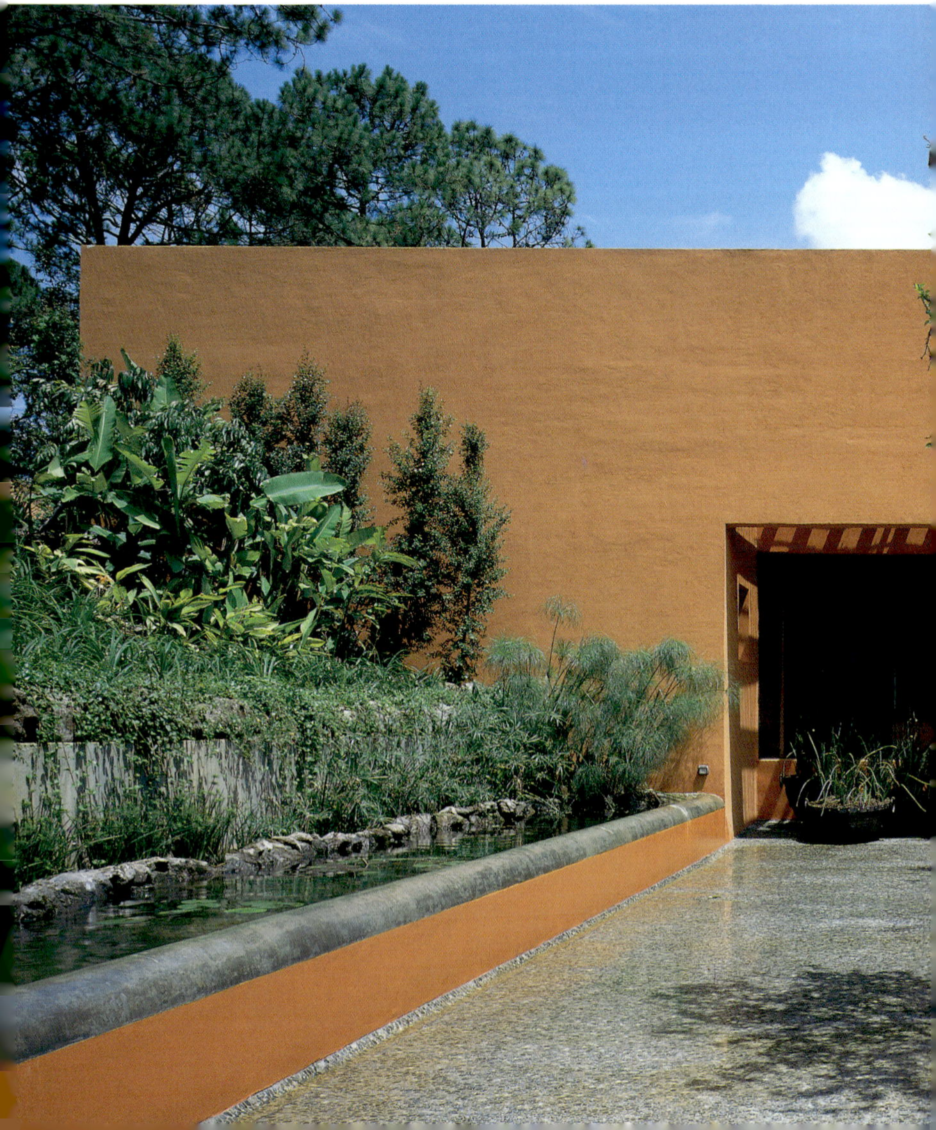

Patios
Patios

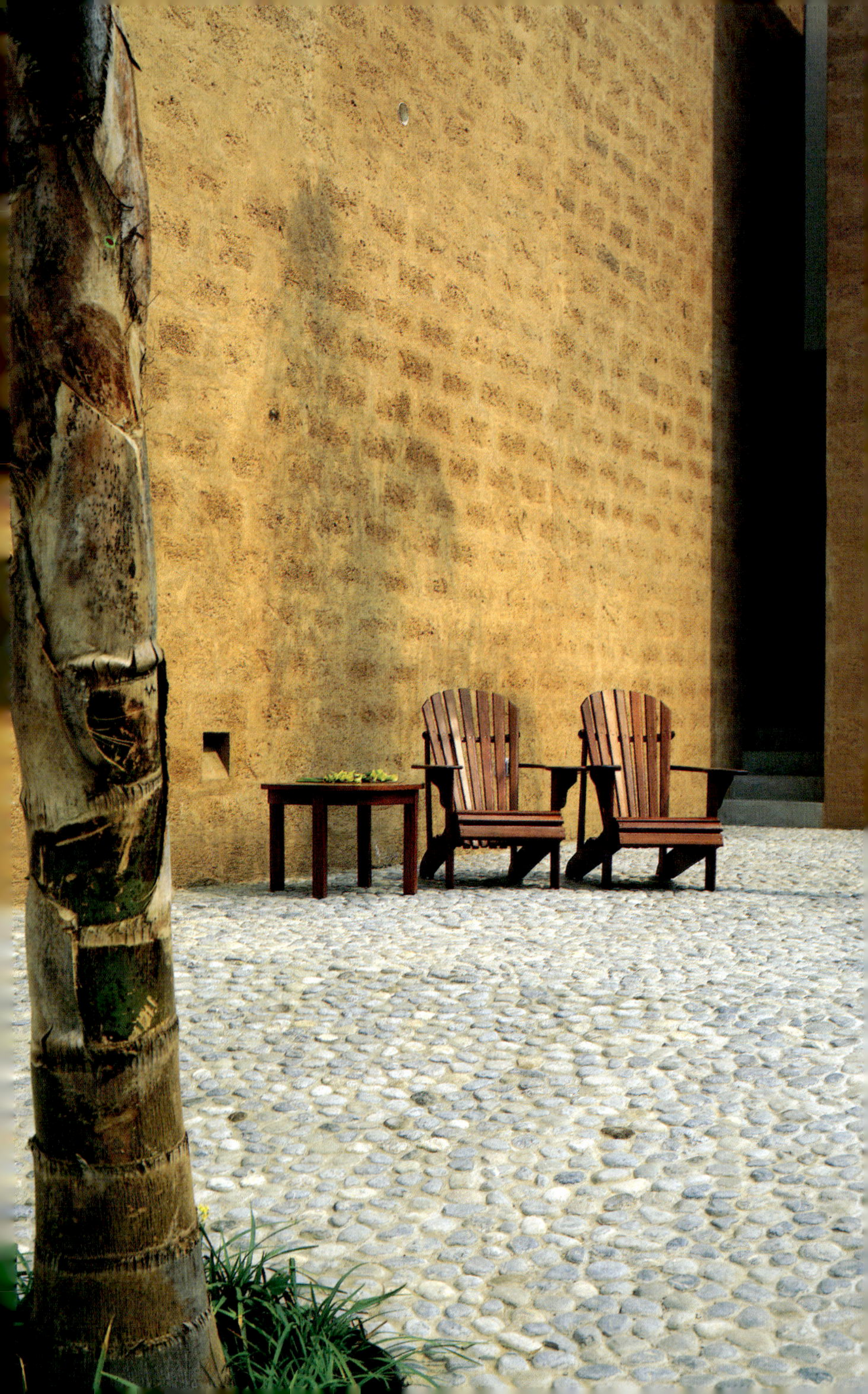

Patios Internos y Externos
Inside and Outside Patios

Los patios, internos o externos regulan la circulación entre las diferentes áreas de la construcción. Los patios interiores facilitan el traslado de un punto a otro y cumplen con la función de proveer ventilación, luz solar e iluminación a la casa. Los patios externos resuelven la distribución del espacio desde el portón principal hasta la puerta de entrada de la residencia, suelen rodear la casa o estar al centro de ella.

Inside and outside patios regulate the circulation between different areas of the home. Interior patios facilitate movement from one point to another and fulfill the function of providing ventilation, sunlight and light to the house. Outside patios resolve the layout of space from the front gate to the front door of the residence, and often surround it or are at its center.

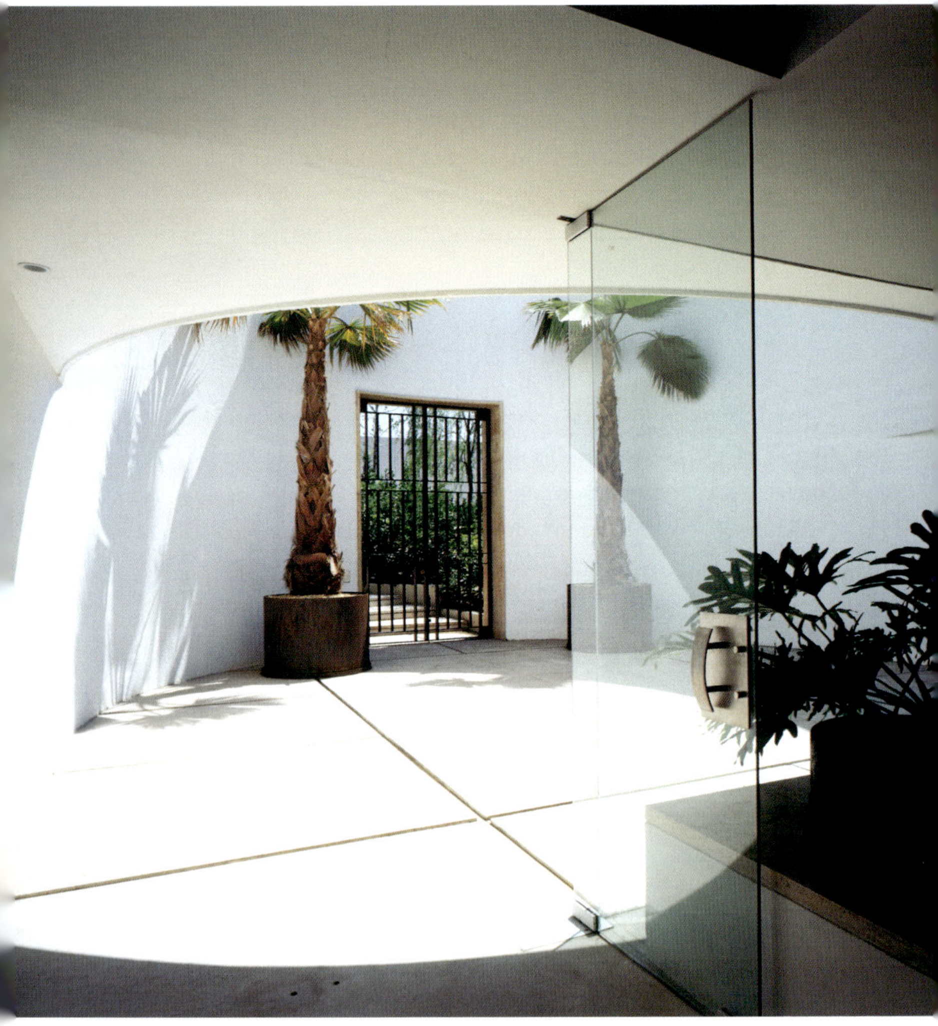

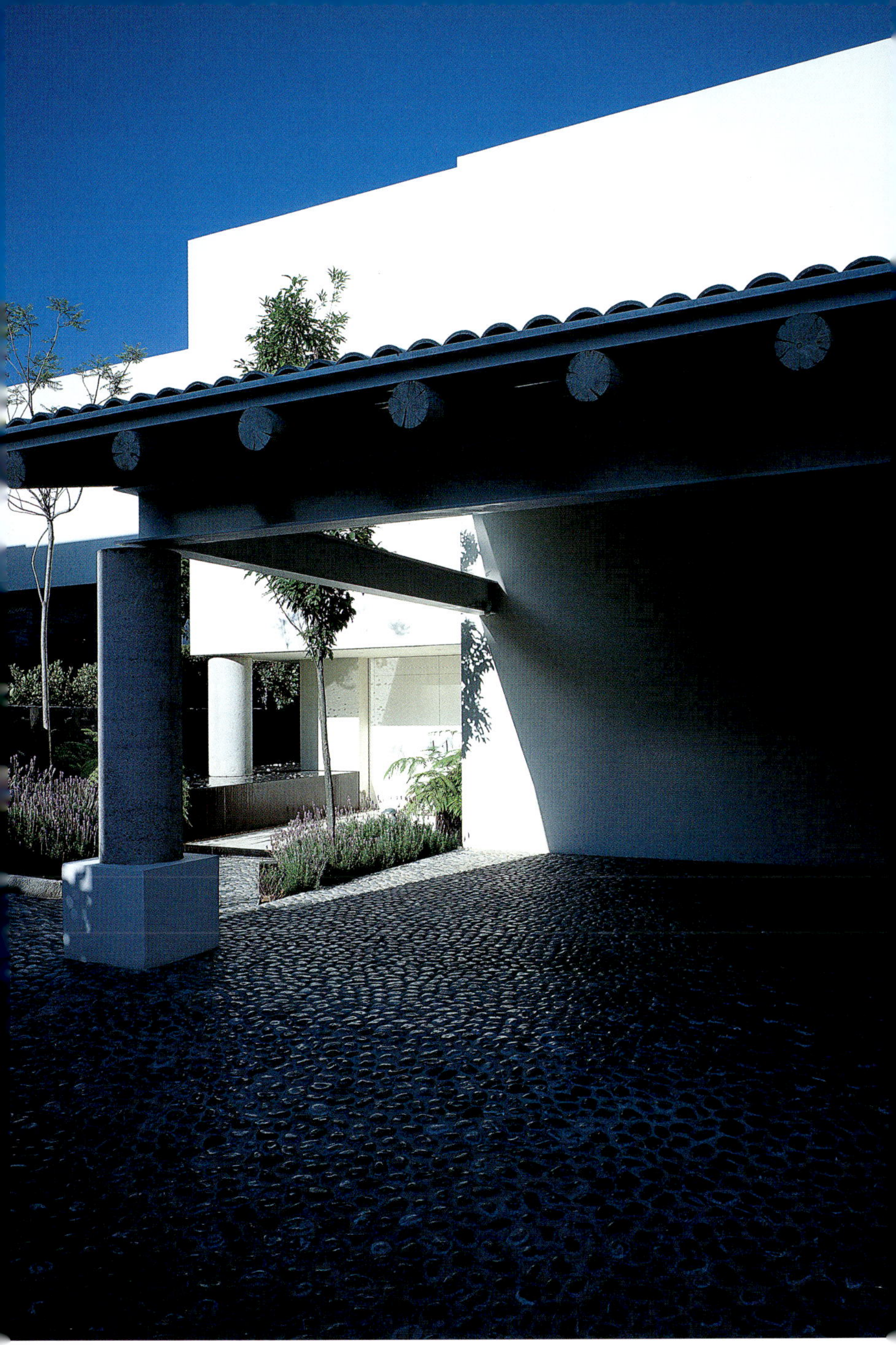

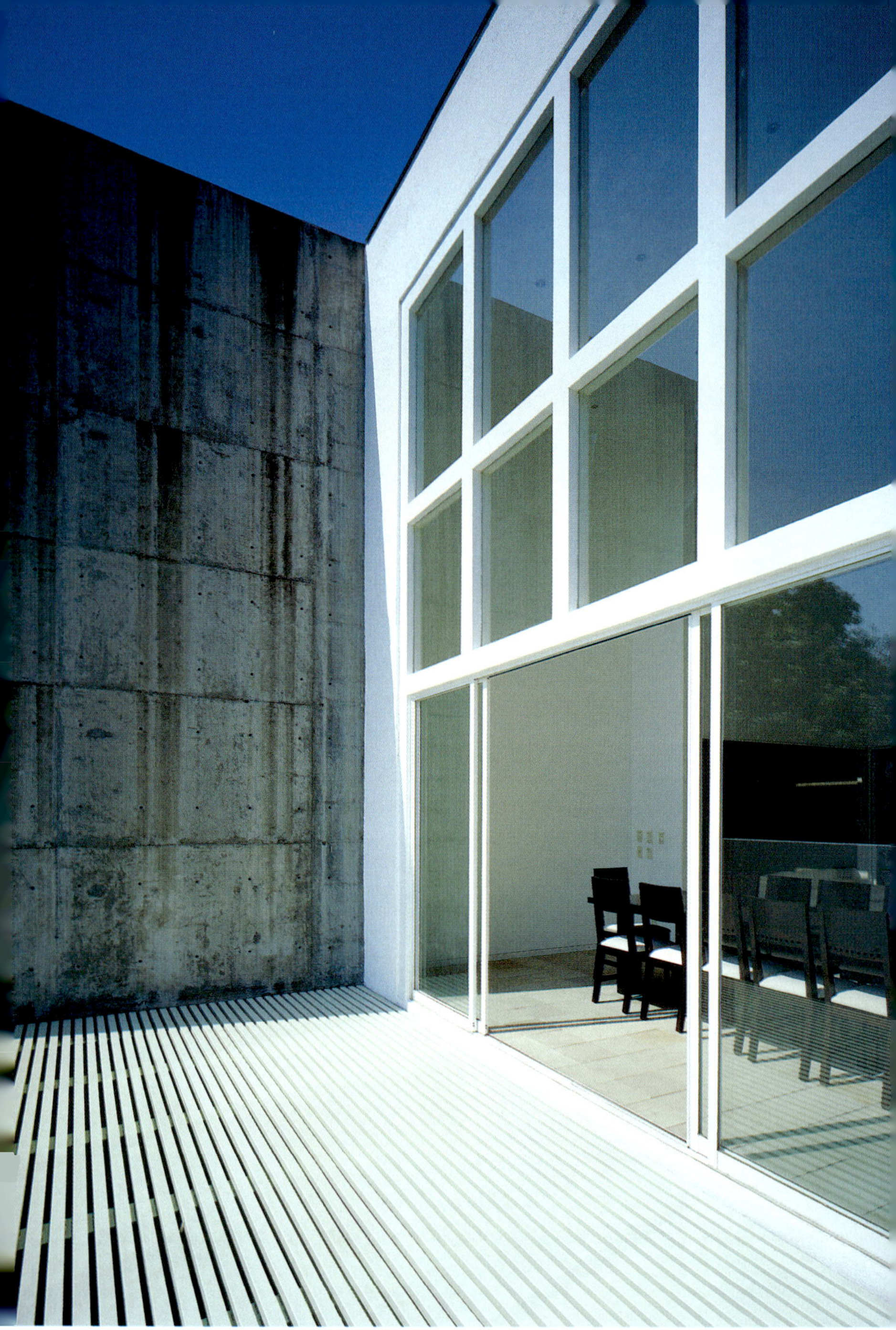

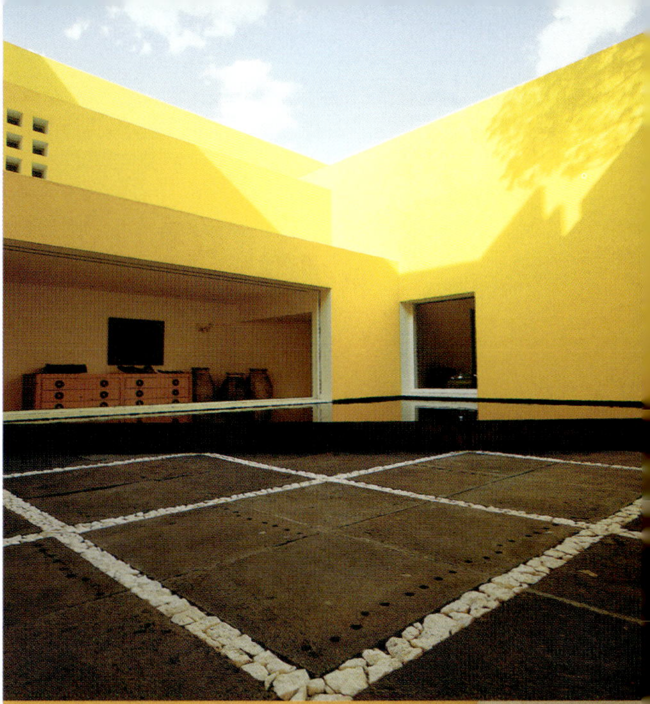

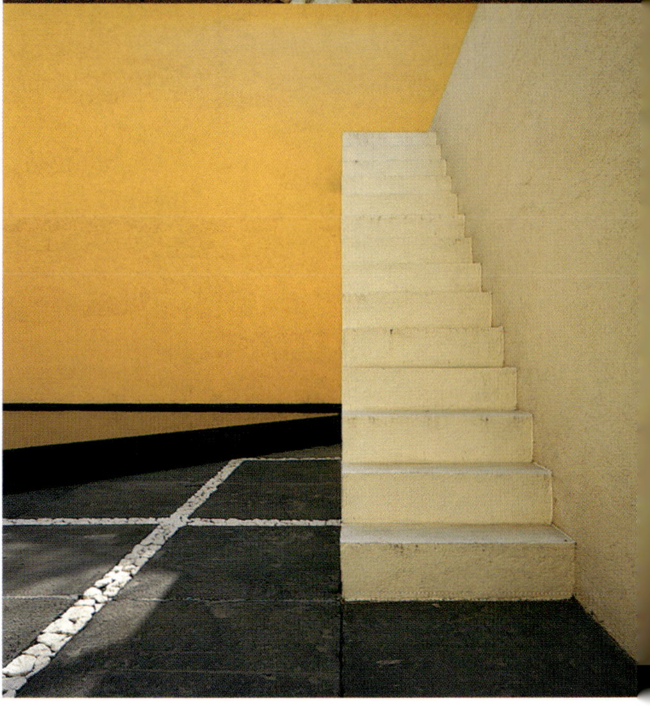

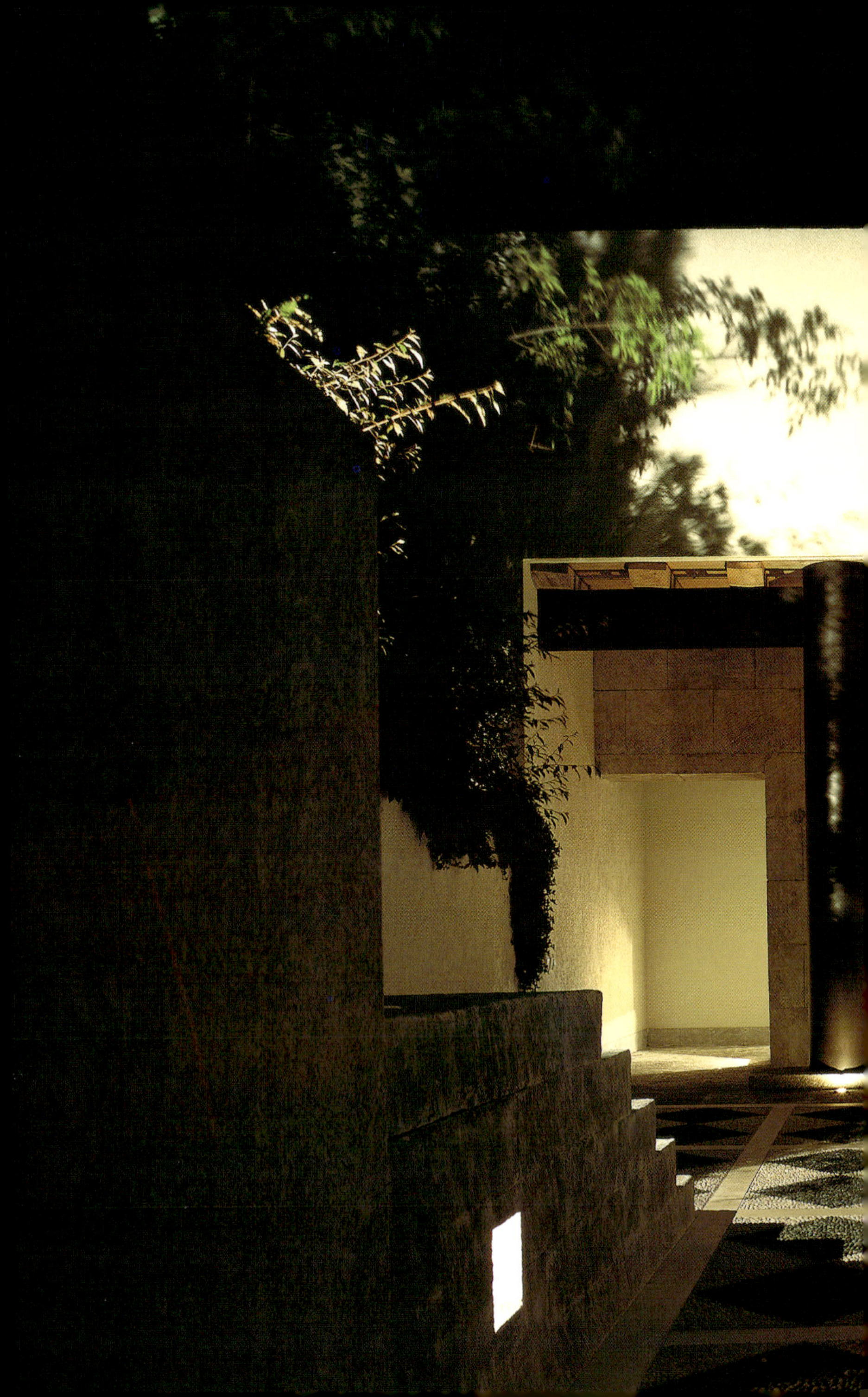

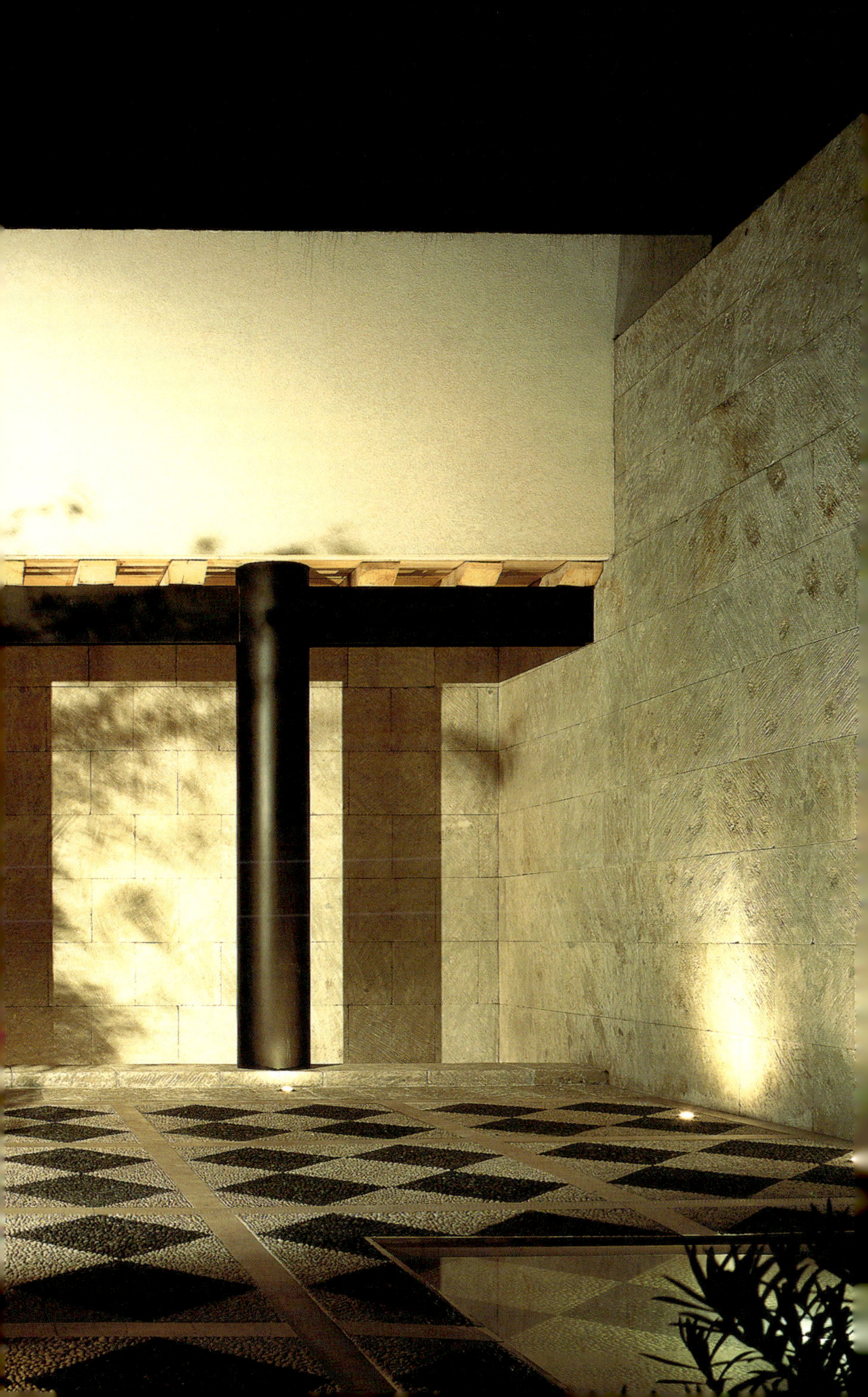

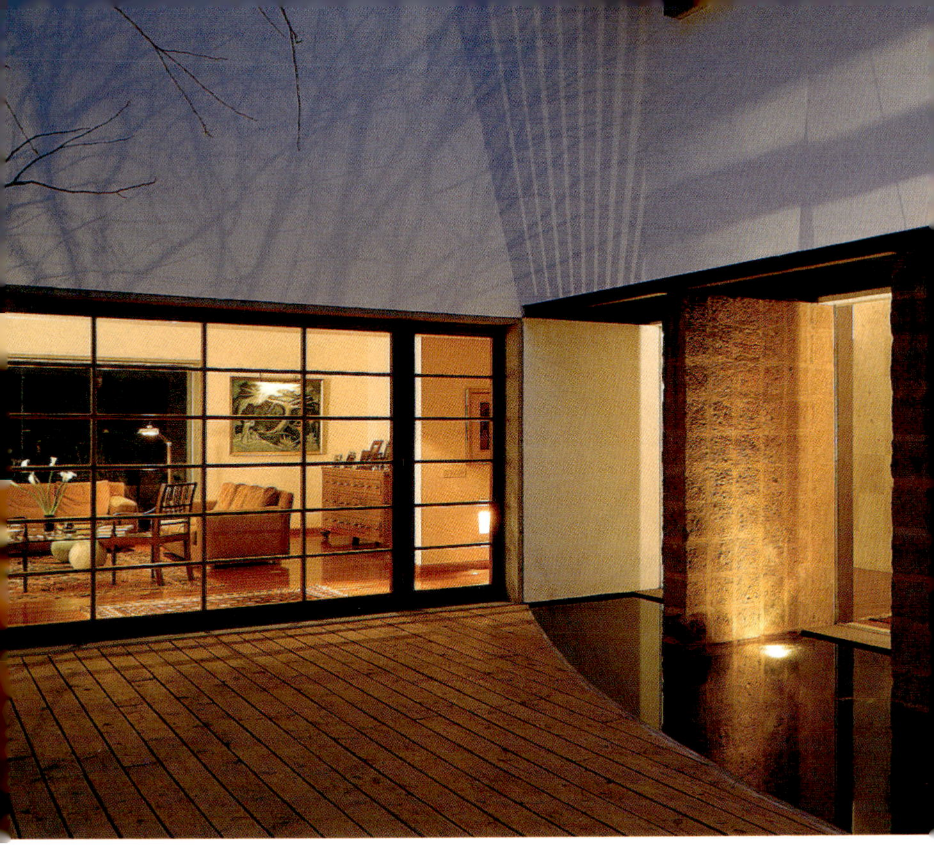

49

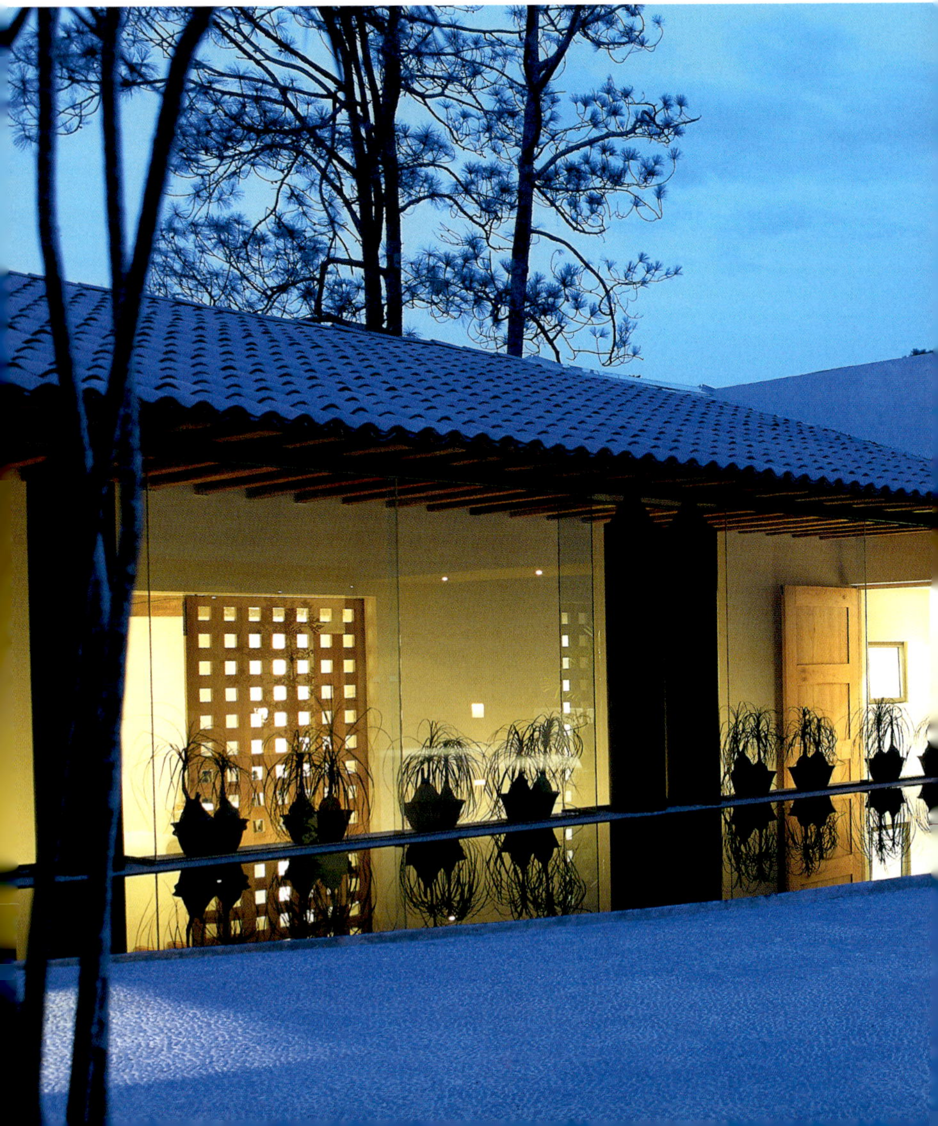

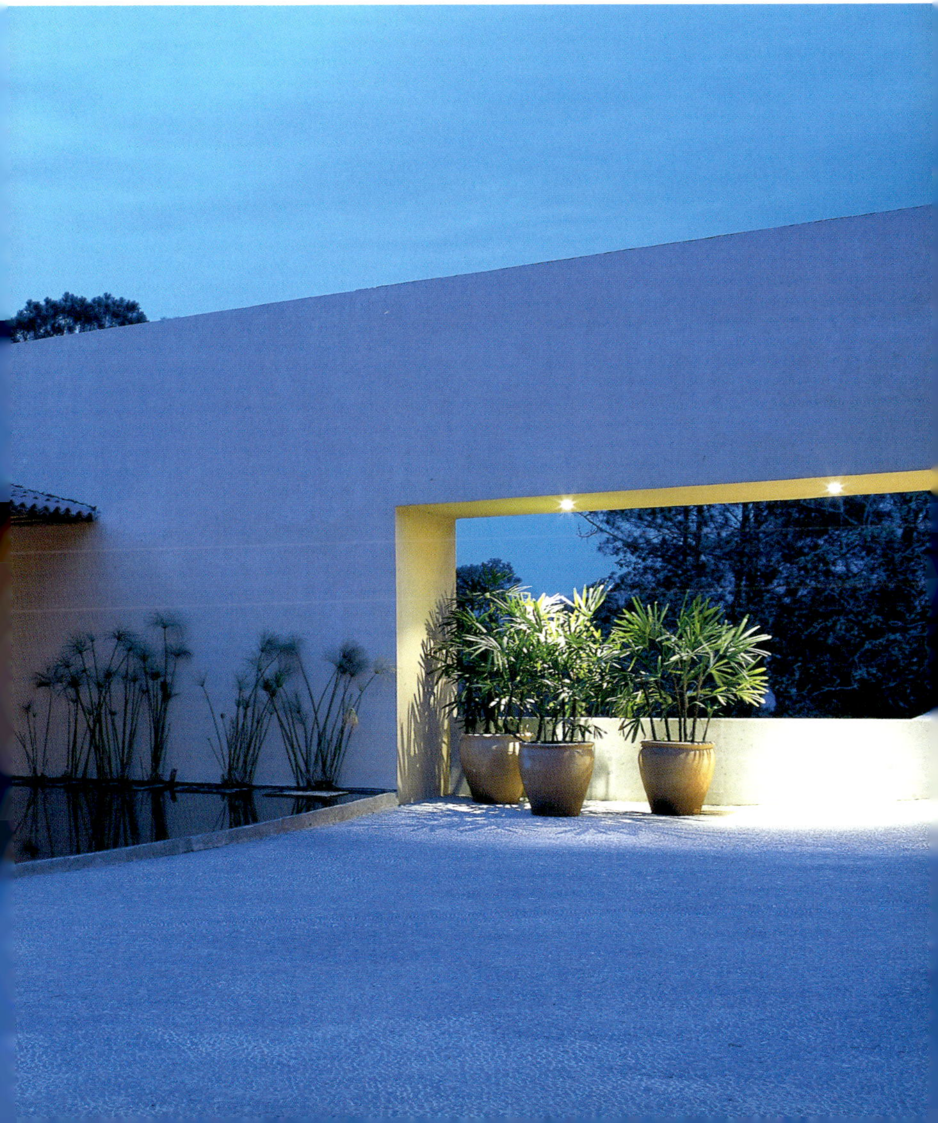

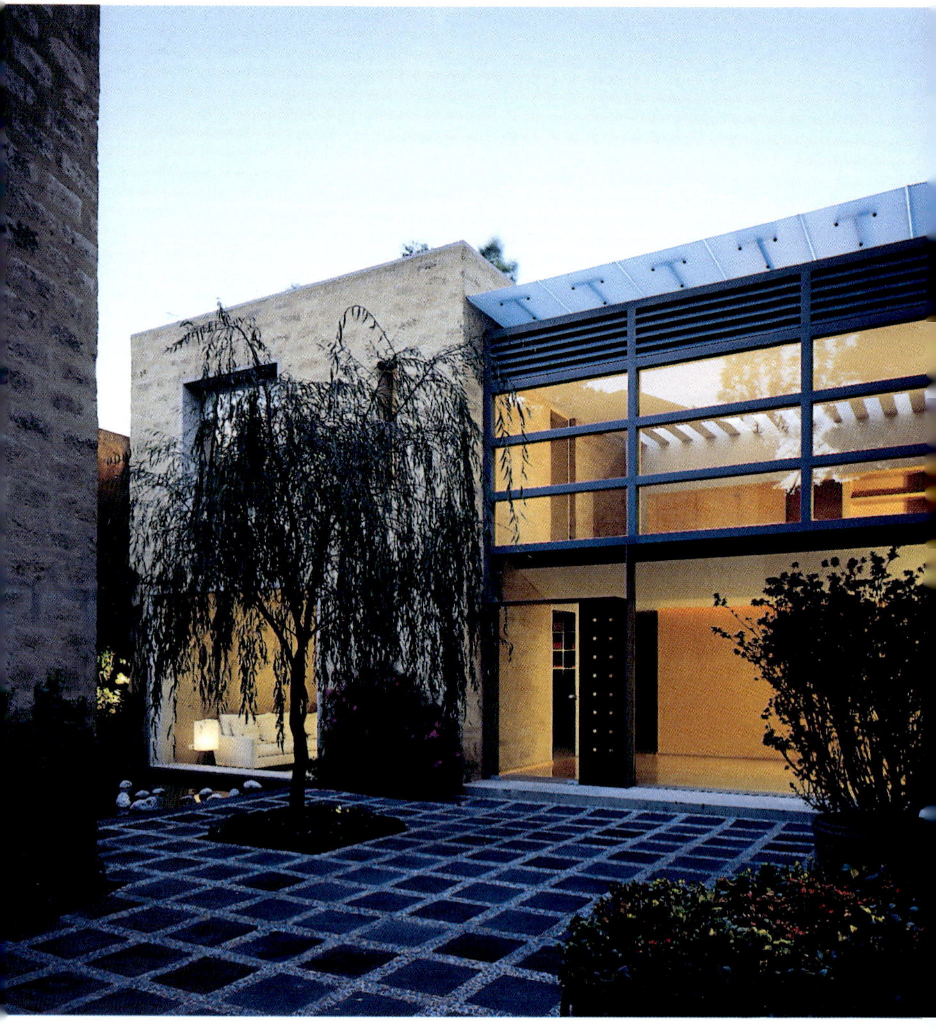

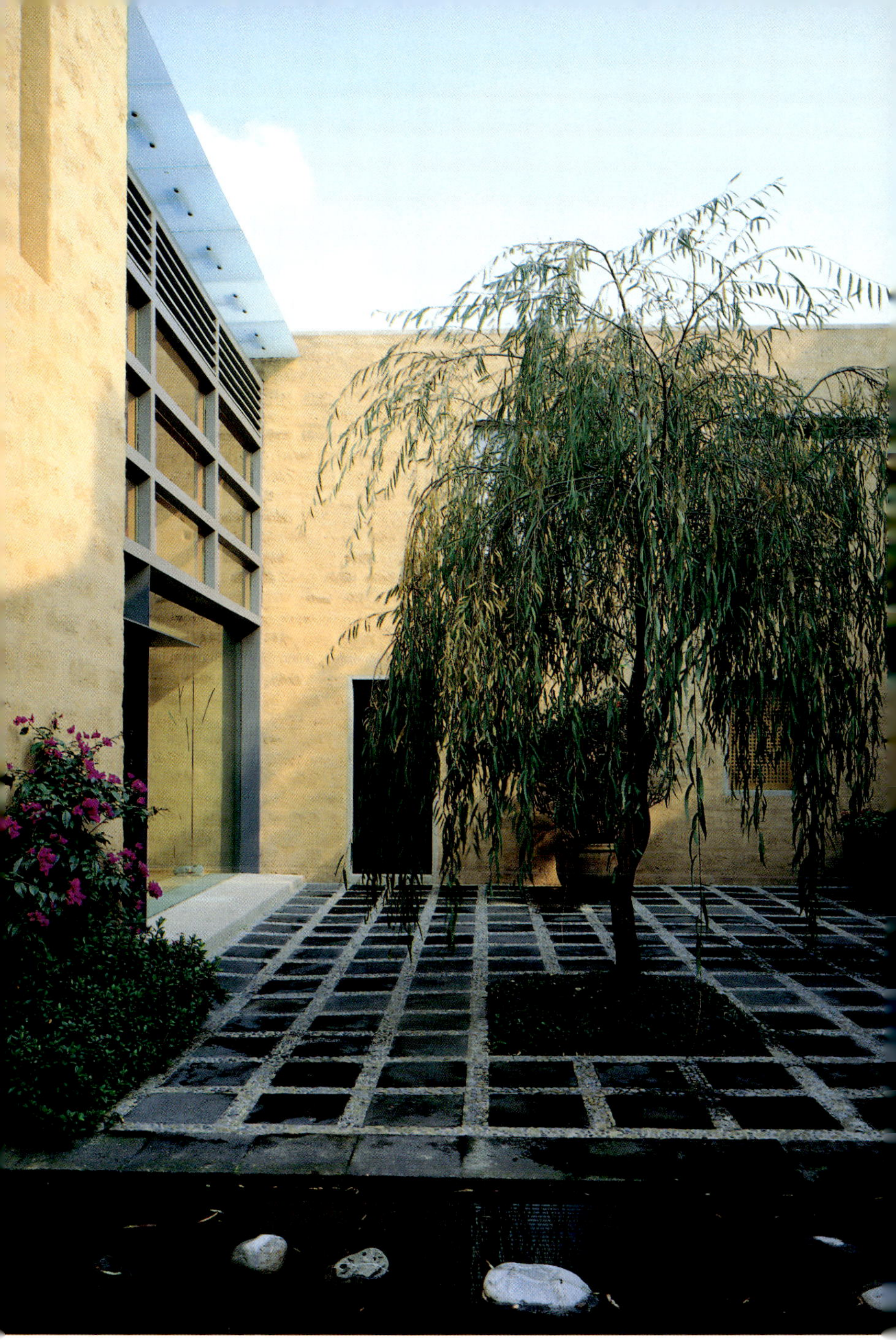

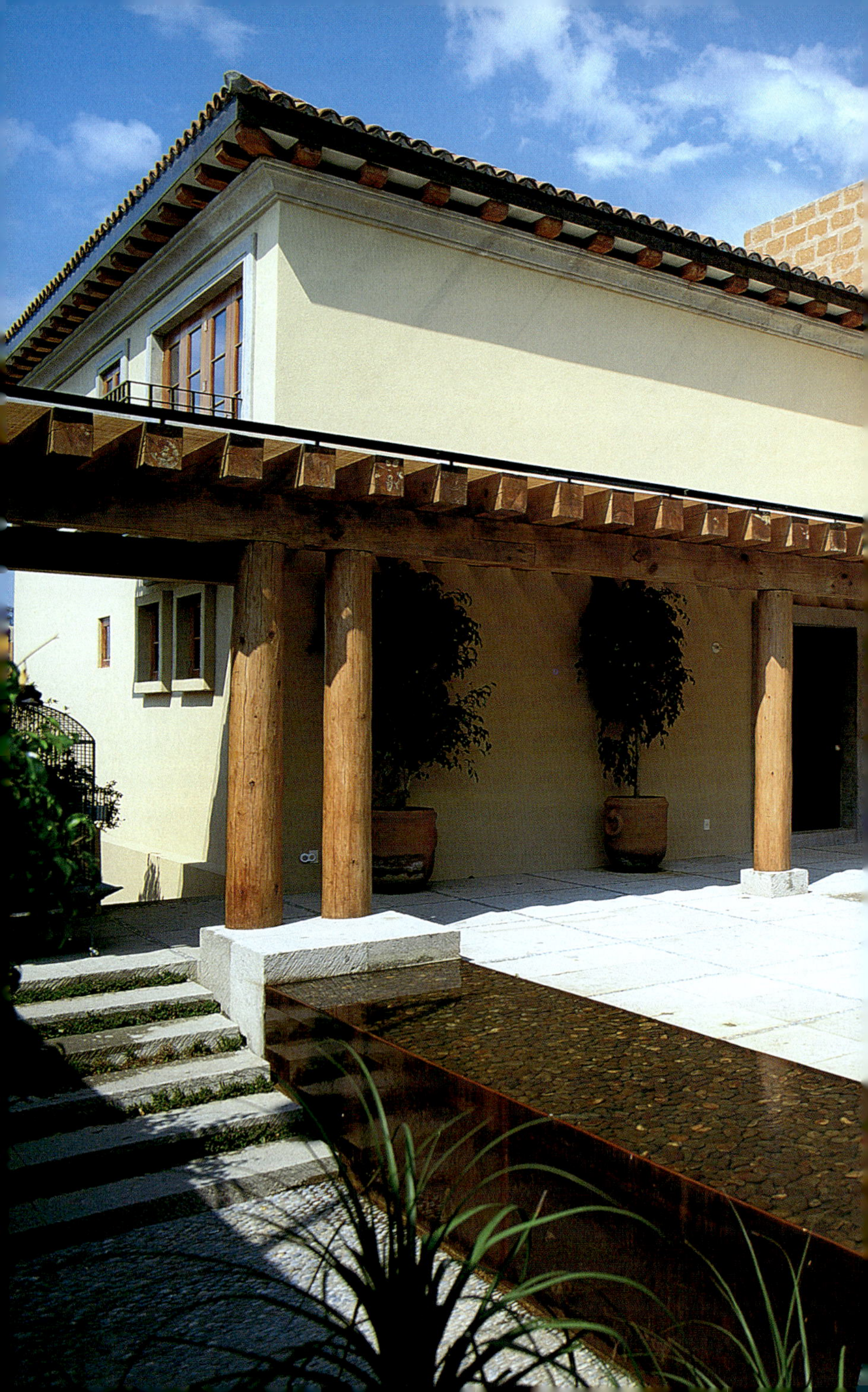

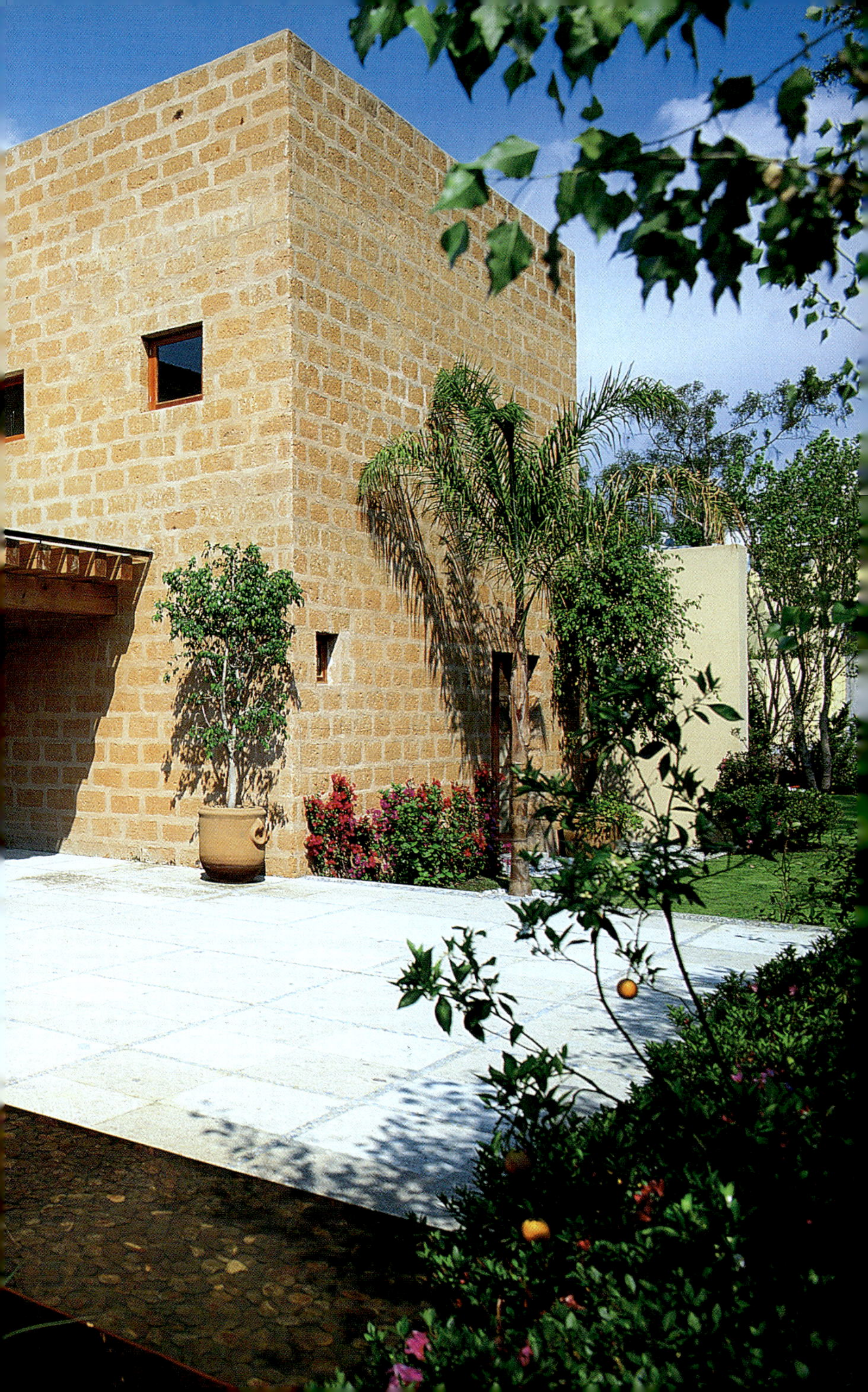

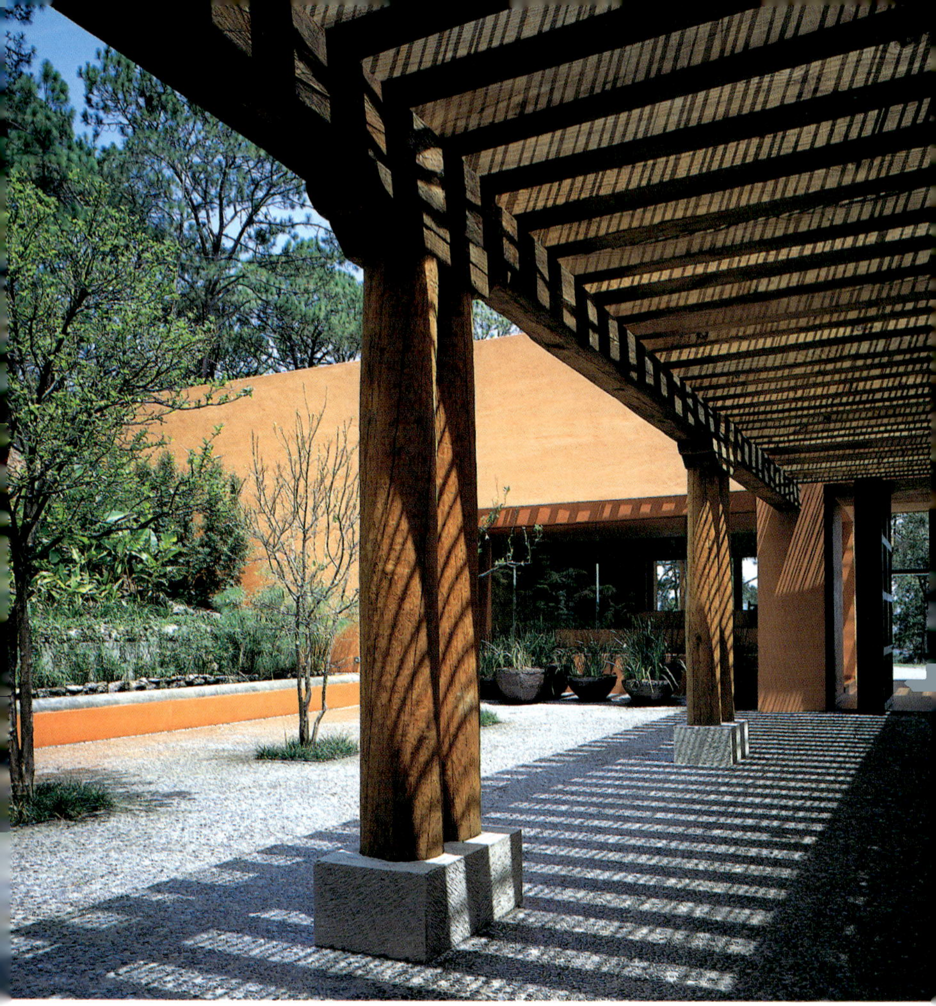

57

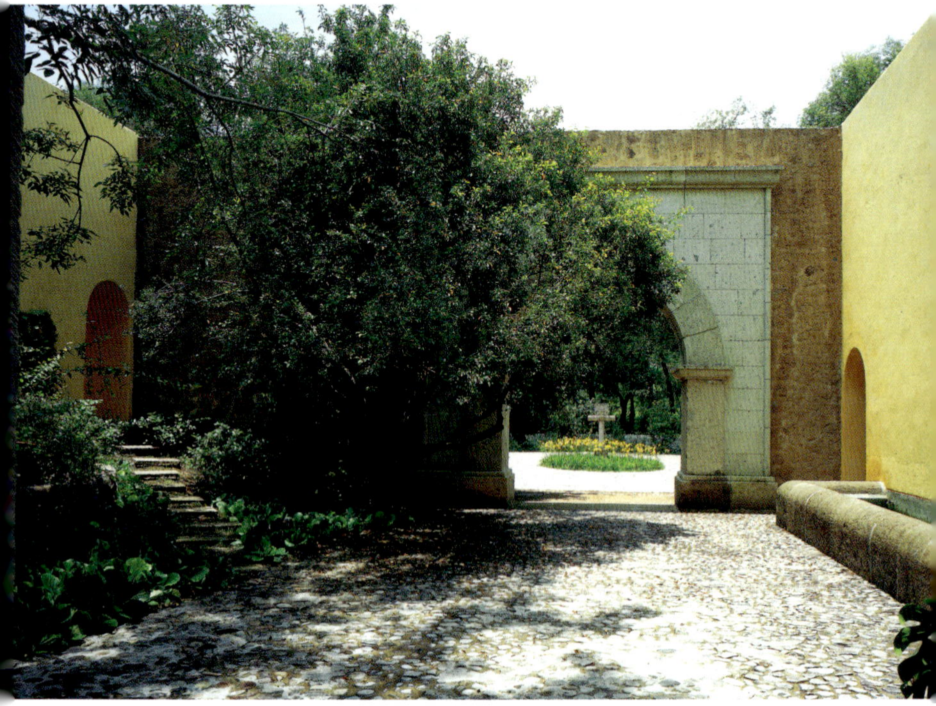

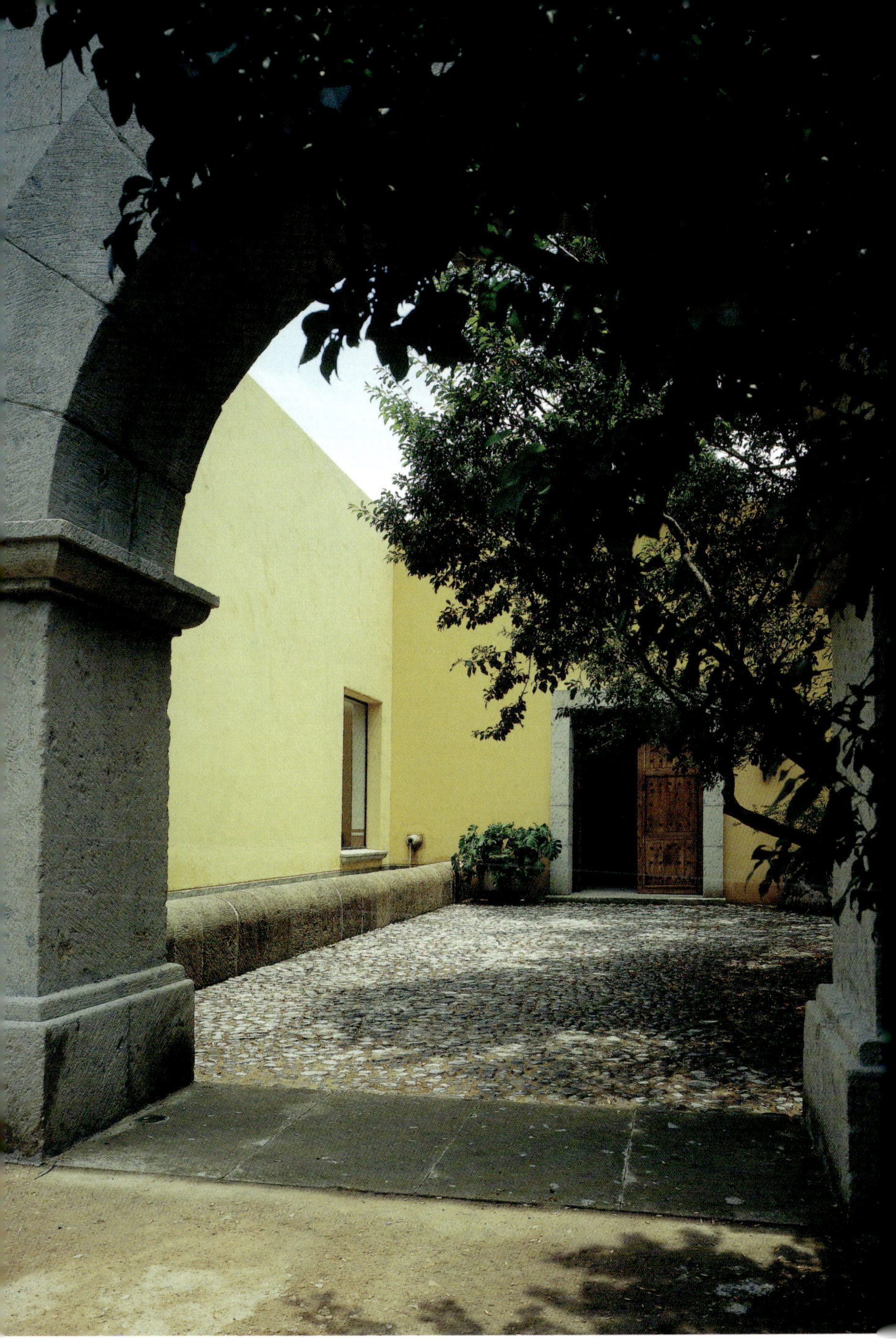

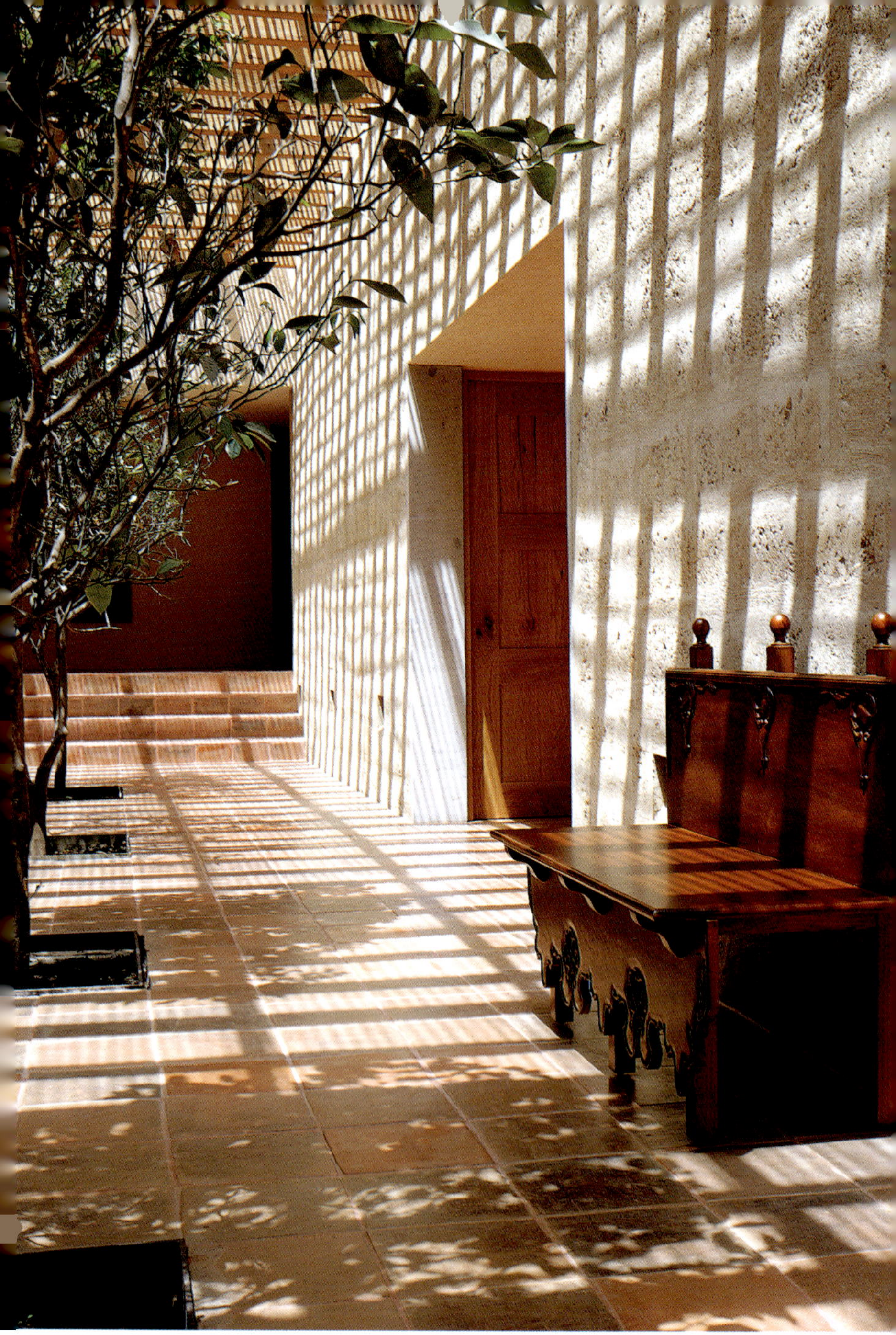

Pg.	ARQUITECTOS architects	FOTÓGRAFOS photographers
3	Mario Armella M. - Mario Armella G.	Alberto Moreno
6-7	José Antonio Madrid	Paul Czitrom
8 arriba / top	Fernando de Haro L. - Jesús Fernández S. y Omar Fuentes E.	Michael Calderwood
8 abajo / bottom	Francisco Guzmán G. - Alejandro Bernardi G.	Sandra Pereznieto
10-11	Fernando de Haro L. - Jesús Fernández S. y Omar Fuentes E.	Michael Calderwood
12 a 15	Humberto Artigas del Olmo	Cristian Zarabozo
16	Fernando de Haro L. - Jesús Fernández S. y Omar Fuentes E.	Michael Calderwood
17	Fernando de Haro L. - Jesús Fernández S. y Omar Fuentes E.	Michael Calderwood
18	Francisco López-Guerra A.	Michael Calderwood
19	Alejandro Bernardi G.	Alfredo Blazquez / Alberto Adame
20-21	Manuel Mestre	Lourdes Legorreta
22	Alejandro Rivadeneyra Herrera	Luis Gordoa
23 arriba / top	Fernando de Haro L. - Jesús Fernández S. y Omar Fuentes E.	Luis Gordoa
23 abajo / bottom	José Nogal Moragues	Víctor Benítez
24	Alejandra Prieto de P. - Cecilia Prieto de M.	Ignacio Urquiza
26	Francisco López Guerra A.	Michael Calderwood
27	José Antonio Madrid	Paul Czitrom
28 arriba / top	Marco Aldaco	Michael Calderwood
28 abajo / bottom	----	Michael Calderwood
29	Fernando de Haro L. - Jesús Fernández S. y Omar Fuentes E.	Luis Gordoa
30	Enrique Fuertes Bojorges - Jaime Reyes M.	Héctor Velasco Facio
31	Federico Gómez Crespo G. B. - Wlademar Franco Sol	Alfonso de Béjar y Editorial Basilisco

Pg.	ARQUITECTOS architects	FOTÓGRAFOS photographers
31	Alejandra Prieto de P. - Cecilia Prieto de M.	Ignacio Urquiza
32-33	Carlos Dayan H. - Diego Casanova G.	Víctor Benítez
34	Francisco Guzmán G. - Alejandro Bernardi G.	Héctor Velasco Facio
35	Manuel Mestre	Michael Calderwood
36	Fernando de Haro L. - Jesús Fernández S. y Omar Fuentes E.	Michael Calderwood
37	Louis Poiré	Moda in Casa
38-39	Francisco Guzmán G. - Alejandro Bernardi G.	Héctor Velasco Facio
40	Jaime Guzmán G. - Fernando Ogarrio K.	Sebastián Saldívar
42	Fernando de Haro L. - Jesús Fernández S. y Omar Fuentes E.	Sebastián Saldívar
43	Moisés Becker	Fernando Cordero
44	Andrés Pastor - Arturo Mateos - Omar Rendón	Luis Gordoa
45	José de Yturbe B.	Arturo Zavala Haag
46-47	Fernando de Haro L. - Jesús Fernández S. y Omar Fuentes E.	Héctor Velasco Facio
48	Javier Sordo Madaleno	Paul Czitrom
49	Francisco Guzmán G. - Alejandro Bernardi G.	Sandra Pereznieto
49 abajo / bottom	Pablo Martínez Lanz	Jaime Jacott Jiménez
50-51	Francisco Guzmán G. - Alejandro Bernardi G.	Luis Gordoa
52-53	Jaime Guzmán G. - Fernando Ogarrio K.	Sandra Pereznieto
54-55	Fernando de Haro L. - Jesús Fernández S. y Omar Fuentes E.	Michael Calderwood
56	Francisco Guzmán G. - Alejandro Bernardi G.	Luis Gordoa
57	José de Yturbe B.	Lourdes Legorreta
58-59	Fernando de Haro L. - Jesús Fernández S. y Omar Fuentes E.	Lourdes Legorreta
60-61	Francisco Guzmán G. - Alejandro Bernardi G.	Lourdes Legorreta